Prof. Dr. Dr. Joachim Ollhoff MBA
B.Eng. Meike Pantouw, MBA

Der strategische Marketingprozess im Rahmen des Lebenszyklus der Immobilie – spezifische, flexible Konzepte für Touristikimmobilien

Prof. Dr. Dr. Joachim Ollhoff MBA
B.Eng. Meike Pantouw, MBA

Der strategische Marketingprozess im Rahmen des Lebenszyklus der Immobilie – spezifische, flexible Konzepte für Touristikimmobilien

Re Di Roma-Verlag

Bibliografische Information der Deutschen Nationalbibliothek:
Die Deutsche Nationalbibliothek verzeichnet diese Publikation in der Deutschen Nationalbibliografie; detaillierte bibliografische Daten sind im Internet über http://dnb.ddb.de abrufbar.

ISBN 978-3-86870-765-6

Umschlagillustration: madochab / photocase.de

www.rediroma-verlag.de
19,50 Euro (D)

Inhaltsverzeichnis

Abkürzungsverzeichnis

bspw.	beispielsweise
bzw.	beziehungsweise
ca.	circa
CRM	Customer Relationship Management
d.h.	das heißt
etc.	et cetera
evtl.	eventuell
p.a.	per anno
v.a.	vor allem
u.a.	unter anderem
u.U.	unter Umständen
z.B.	zum Beispiel

Abbildungsverzeichnis

Tabellenverzeichnis

1 Einleitung

Im Wandel der Märkte der Immobilienwirtschaft, vor allem auch im Bereich der Touristikimmobilien, sind zunehmend innovativere und speziell auf die "Bedürfnisse" der einzelnen Immobilie ausgerichtete Konzepte gefordert, um den maximalen Erfolg mit dieser erreichen zu können.[1] Einen wesentlichen Anteil hierbei hat das strategische Immobilienmarketing. Geeignete Marketingkonzepte müssen deshalb sehr spezifisch sein und mittlerweile auch sehr flexibel, denn der Lebenszyklus einer Immobilie ist inzwischen anders als z. B. noch vor einigen Jahrzehnten.[2] Hierunter fällt auch der damit verbundene Managementauftrag inklusive einer geeigneten Vermarktung der Immobilie.[3] Ebenso hat sich der Stellenwert der Immobile stark gewandelt.[4] Insgesamt hat sich im Bereich des Immobilienmanagements ein Paradigmenwechsel vollzogen, der besonders auch die Touristikimmobilienlandschaft betrifft.

Diese Thematik wird im Rahmen der wissenschaftlichen Arbeit untersucht, indem strategische Marketingkonzepte für Touristikimmobilien in den Mittelpunkt der Betrachtung als Schlüsselfaktor des effektiven, holistischen Marketingprozesses gerückt werden. Die nachfolgenden Ausführungen setzen sich detailliert mit potenziell effektiven Marketingkonzepten der Touristikimmobilienwirtschaft auseinander, welche einerseits die Gegebenheiten der Märkte der Gegenwart berücksichtigen, aber andererseits eine klare Ausrichtung darauf besitzen, die mit den zukünftigen Anforderungen der Akteure – wie vor allem Anleger, Investoren, Käufer, Pächter, Betreiber und Mieter – verbundenen Herausforderungen bewältigen und erfüllen zu können. Es existieren – wie oben ange-

[1] Vgl. Brauer, 2013, S. 44 ff.
[2] Vgl. Brauer, 2013, S. 44 ff.
[3] Vgl. Ertle-Straub, 2013, S. 404.
[4] Vgl. Brauer, 2013, S. 44 ff.

deutet – eine Vielzahl an unterschiedlichen Anforderungen, die es zu bestimmen und für die Entwicklung geeigneter innovativer Marketingkonzepte zu berücksichtigen gilt. Als zu untersuchende Leitthese wird hier die Behauptung der über alle Maßen notwendige Flexibilität des Marketingkonzepts für die „moderne Immobilie" gewählt, die es im Folgenden zu eruieren gilt.

Demnach ist es die Zielstellung dieser Arbeit, diese spezifischen, flexiblen und auch als innovativ einzustufenden Marketingkonzepte für den gewählten Bereich der Touristikimmobilien zu ermitteln, einzuordnen und in Bezug auf ihre potenziellen Erfolgsfaktoren zu beurteilen. Die gefundenen Ergebnisse sind mit den eingangs aufgestellten Behauptungen in den Zusammenhang zu stellen, um hieraus zukunftsträchtige Aussagen zu gewinnen. Die Touristikimmobilien als ein Typus der Sonderimmobilie stellen dabei eine notwendige Eingrenzung des vielfältigen und breiten Immobilienmarktes dar, der im Rahmen einer solchen Arbeit nicht umfassend abgehandelt werden könnte. Dies liegt an den sehr speziellen Nutzungs- und Verwendungsarten der verschiedenen Immobilientypen und damit verbunden an den unterschiedlichen Aufgabenstellungen.[5]

Um die Zielstellung zu erreichen, ist es auch notwendig, den gesamten strategischen Marketingprozess zu betrachten. Ebenso muss das Marketing als ein Teil des gesamten strategischen (und selbstverständlich zudem auch des operativen) Immobilienmanagements begriffen werden, bei dem die Schnittstellen zu anderen Bereichen eine wichtige Rolle spielen. Somit erscheint eine Abstimmung mit der Gesamtstrategie immer als notwendig, wenn es um die Entwicklung eines Marketingkonzepts geht. Dies liegt daran, dass das Marketing natürlich nicht für sich allein arbeitet sondern im Zusammenspiel mit den anderen funktionalen Unterneh-

[5] Vgl. Schulte et al., 2007, S. 31 ff.

mensteilen. Deshalb wird innerhalb dieser wissenschaftlichen Ergründungen immer eine holistische Blickweise gewahrt.

Der Aufbau der nachfolgenden wissenschaftlichen Ausführungen gliedert sich in Konsequenz zu den dargelegten Ausführungen in die folgenden Schritte:
Im Grundlagenteil (Kapitel 2) wird der einführende Überblick über das Immobilienmarketing als Teil der gesamten Immobilienökonomie im Allgemeinen vermittelt. Das Marketing wird in den Zusammenhang zum Lebenszyklus der Immobilie gesetzt. Im Schwerpunkt wird der sich hieraus ergebende, angesprochene strategische Marketingprozess dargestellt. Im darin anschließenden Kapitel 3 werden die Eigenschaften der bestehenden Marketingkonzepte im Touristikimmobilienbereich erarbeitet und deskriptiv aufgeführt. Hierfür werden einleitend die klassischen Besonderheiten von diesen Immobilientypen herausgearbeitet und auch auf die Markteigenarten im Tourismuswesen eingegangen. Für die Ermittlung der Eigenschaften von diesbezüglichen Marketingkonzepten werden unterschiedliche Informationsgewinnungsmethoden genutzt, darunter auch eine selbst durchgeführte qualitative Umfrage. Als ein erstes Zwischenergebnis ergibt sich somit eine Abbildung des derzeitigen Ist-Zustands im Bereich des Touristikimmobilienmarketings.
In Vorbereitung auf die Beurteilung und Weiterverwendung der hier gefundenen Ergebnisse wird im darauffolgenden Kapitel 4 als ein Zwischenschritt eine fiktive Fallstudie eingeführt, welche anhand einer konkreten Problemstellung anschaulich die potenziellen zukünftigen Herausforderungen aufgreift und somit den Ansatz liefert für die Erarbeitung geeigneter Marketingkonzepte. Diese erfolgt im anschließenden Kapitel 5 durch die kritische Auseinandersetzung mit den bis hierhin gefundenen und zu beurteilenden Ergebnissen, die sowohl Schwachstellen aufzeigen sollen als auch

positive Ansätze zur Bewältigung der gefundenen Entwicklungstrends im Tourismussektor. Der zweite hier vorzunehmende Schritt besteht schließlich in der Weiterentwicklung geeigneter Konzeptansätze auf Basis der eruierten Resultate. Hierbei wird wiederum die Fallstudie einbezogen, indem eine konkrete Anwendung durch die Lösung der aufgeworfenen Problemstellung erfolgt, was zugleich eine Überprüfung der weiterentwickelten Konzeptansätze darstellt.

Diese wissenschaftliche Arbeit schließt mit einem zusammenfassenden Fazit, das die gefundenen Erkenntnisse noch einmal prägnant aufführt und den sich daraus ergebenden zukünftigen Handlungsbedarf herausstreicht.

2 Grundlagen des Immobilienmarketings

Für die umfassende Bearbeitung der Thematik der Marketingkonzepte im Touristikimmobilienbereich ist es notwendig, alle relevanten Grundlagen darzulegen. Somit wird in diesem Kapitel ein einleitender Überblick über das Immobilienmarketing als solches vermittelt, der die zentrale Bedeutung dessen im gesamten Immobilienmanagement aufzeigt. Darauf aufbauend wird auf den eigentlichen Schwerpunkt und das Ziel dieses Kapitels übergegangen, indem die besondere Stellung des Marketingkonzepts im Rahmen des strategischen Marketingprozesses hervorgehoben wird. Hierdurch ist das Grundverständnis über das Immobilienmarketing im Allgemeinen geschaffen, um im nächsten Kapitel dieses auf die „spezielle" Touristikbranche zu beziehen.

Der Begriff des „Marketingkonzepts" lässt sich einleitend u. a. wie folgt definieren: Ein Marketingkonzept stellt einen umfassenden, gedanklichen Entwurf dar, der sich an einer Leitidee bzw. bestimmten Richtlinien (vor allem an Zielen) orientiert und grundlegende, strukturierte Handlungsrahmen (im Sinne von Strategien) wie auch die notwendigen operativen Handlungen (durch den Einsatz von Marketinginstrumenten) in einem schlüssigen Plan zusammenfasst.[6] Ein Marketingkonzept ist dann der Schlüssel zur Erreichung unternehmerischer Ziele, wenn die Wünsche und Bedürfnisse des Zielmarkts ermittelt wurden und es dadurch gelingt, diese wirtschaftlicher und wirksamer zu betreiben, als es die Konkurrenz vermag.[7] Dies gilt umso mehr für das Immobilienmarketing.[8]

---

[6] Vgl. u.a. Bruhn, 2012, S. 13 ff.; Becker, 2013, S. 1 ff.; Meffert, 2012, S. 7 ff.; Kotler/Bliemel, 2001, S. 25.

[7] Vgl. Kotler/Bliemel, 2001, S. 25.

[8] Vgl. Falk, 1997, S. 21.

Diese knappe Erläuterung zeigt die grundsätzliche Notwendigkeit und Bedeutung von Marketingkonzepten auf und enthält inhaltlich kompakt, worauf die folgenden Grundlagen abzielen: Neben der Einordnung des Immobilienmarketings im Rahmen der gesamten Immobilienwirtschaft und des -managements ist ein Einbezug der Ziel- und Anspruchsgruppen bzw. der Akteure des Immobilienmarktes in die Gesamtbetrachtung ebenso wichtig wie der Immobilienmarkt als Ganzes selbst. Erst auf Basis dieser Erläuterungen kann im folgenden Kapitel umfassend und vertiefend auf die speziellen Marketingkonzepte eingegangen werden.

2.1 Die funktionale Perspektive des Marketing als Teil des Immobilienmanagements

Der Begriff des Immobilienmarketing ist wissenschaftlich nicht einheitlich definiert. Dies liegt u. a. auch daran, dass die zugehörige Wissenschaft der Immobilienökonomie ihrerseits ein recht junges Gebiet darstellt, welches durch einen interdisziplinären Charakter besticht.[9] Erst seit den 90ern des vergangenen Jahrhunderts fand zunehmend eine Auseinandersetzung mit dieser immer wichtiger werdenden wissenschaftlichen Disziplin statt. Sie geschah allein aufgrund der immer stärker aufkommenden Aufmerksamkeit mit den hiermit verbundenen Institutionen und Aktionen, die diesem Wirtschaftssektor zuzurechnen sind.[10] Dieses ging wissenschaftstheoretisch einher mit der Abgrenzung des Wirklichkeitsbereichs der Auseinandersetzung mit Immobilien von anderen Realitätsbereichen, wodurch überhaupt erst die Wissenschaft der Immobilienökonomie entstehen konnte.[11]

---

[9] Vgl. Bone-Winkel et al., 2008, S. 5.
[10] Vgl. Schulte/Schäfers, 2008, S. 49.
[11] Vgl. Schulte/Schäfers, 2008, S. 52.

Neben angloamerikanischen Ansätzen entwuchs im deutschsprachigen Raum die Immobilienökonomie im Laufe des vorletzten Jahrzehnts aus den Wurzeln der Bau- und Wohnungswirtschaftslehre als ernstzunehmende eigenständige Disziplin.[12]
Als ein gängiges Modell, um diese grundlegend zu beschreiben, hat sich hierbei das so genannte „Rahmengerüst zur Immobilienökonomie“ nach *Schulte/Schäfers* etabliert (siehe Abbildung 1), das anschaulich den interdisziplinären Charakter und die mit der Vielfalt verbundenen Schwierigkeiten aufzeigt.[13]
Hiernach wird die Immobilienökonomie als eine Forschungsdisziplin aufgefasst, „…die sich auf ein betriebswirtschaftliches Fundament gründet und darüber hinaus aus verschiedenen „immobiliennahen“ Wissenschaften Erkenntnisbeiträge bezieht.“[14] Im Mittelpunkt der Immobilienökonomie steht somit die Erklärung und Gestaltung realer Entscheidungen von mit Immobilien befassten Wirtschaftssubjekten. Ziel des wissenschaftlichen Bemühens ist es, diese Entscheidungsprozesse zu unterstützen und durch Lösungshilfen zu deren Verbesserung beizutragen.[15] Die Immobilienökonomie kann in diesem Sinne als eine stark anwendungsorientierte Wissenschaft aufgefasst werden, was der hier zu behandelnden Thematik entgegenkommt.

---

[12] Vgl. Schulte/Schäfers, 2008, S. 52 ff.
[13] Vgl. Schulte/Schäfers, 2008, S. 58.
[14] Bone-Winkel et al., 2008, S. 5.
[15] Vgl. Schulte/Schäfers, 2008, S. 58.

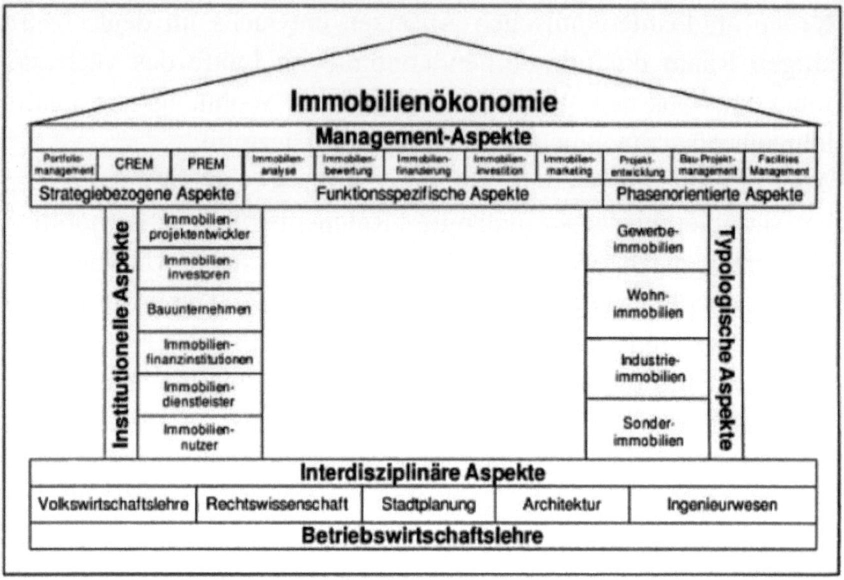

***Abb. 1:** Rahmengerüst zur Immobilienökonomie als wissenschaftliche Disziplin – das „Haus der Immobilienökonomie“*
***Quelle:** Schulte/Schäfers, 2008, S. 58.*

Neben dem aus den verschiedenen Wissenschaften bestehendem Fundament, auf dem die Immobilienökonomie ruht, sind wichtige „Säulen“ die typologischen und die institutionellen Aspekte. Als Ausdruck der Vielfältigkeit „tragen“ diese Säulen quasi die Wissenschaft.[16] Auf diese beiden Aspekte ist im weiteren Verlauf noch einzugehen, wenn es um die Spezialisierung des Immobilienbegriffs geht.

Deutlich wird in dieser Übersicht zudem der Schwerpunkt der Management-Aspekte als „Dach“ dargestellt. Diese sind je nach wirtschaftswissenschaftlicher Ansicht in verschiedene Bereiche untergliedert, so in phasenorientierte, funktionsspezifische und strate-

[16] Vgl. Schulte/Schäfers, 2008, S. 60 f.

giebezogene Aspekte.[17] In diesem Sinne wird auch das Immobilienmarketing als Managementaufgabe innerhalb des Immobilienmanagements verstanden. Unter dem Begriff des „Immobilienmanagement" – bzw. auch als „Real Estate Management" bezeichnet – werden wiederum alle Aufgaben der immobilienwirtschaftlichen ziel- und zweckabhängigen Transformationsprozesse gesehen, d. h. die Finanzierung von und das Investment in Immobilien, die Planung, Erstellung und der Betrieb von Immobilien und die Bereitstellung von Immobilien für die Leistungserstellung.[18]
Hiervon werden zwei Aspekte im Folgenden aufgegriffen: zum einen die funktionsspezifische Perspektive, um direkt die Managementfunktion des Immobilienmarketing inhaltlich auszuführen, sowie in den folgenden Teilabschnitten der Prozessgedanke.

Das Immobilienmarketing als Teilbereich des Immobilienmanagements ist ebenfalls nicht einheitlich definiert.[19] Viele Varianten basieren auf den herkömmlichen Definitionen des Marketings, da es in den Grundsätzen dem allgemeinen Marketing entspricht. Nach *Schulte/Brade* stellt es „…eine Denkhaltung dar, die zur Erreichung der Unternehmensziele, basierend auf systematischer Analyse- und Planungstätigkeiten, eine konsequente kundenorientierte Konzipierung und Vermarktung immobilienspezifischer Leistungen zur Aufgabe hat."[20] Dies stellt im gewissen Sinne die Fortführung der generellen Marketing-Haltung dar, wonach das Management sein Unternehmen von der Marktseite aus führt und die Bedürfnisse und Wünsche der gegenwärtigen und potenziellen Kunden in den Vordergrund rückt.[21] Weiter kann Immobilienmar-

[17] Vgl. Schulte/Schäfers, 2008, S. 61.
[18] Vgl. Kämpf-Dern/Pfnür, 2009, S. 4.
[19] Vgl. Schulte/Brade, 2001, S. 38.
[20] Schulte/Brade, 2001, S. 41.
[21] Vgl. Funk et al., 2003, S. 90.

keting nach *Bobber/Brade* als die Gesamtheit aller unternehmerischen Maßnahmen gesehen werden, die zur Entwicklung, Preisfindung und Verbreitung von Immobilien und immobilienspezifischen Dienstleistungen dienen, um die unternehmerischen Ziele zu erreichen. Dabei nehmen die jeweiligen Immobilienmärkte durch ihre Spezifika und aktuellen Situationen entscheidenden Einfluss auf die Marketingstrategie.[22] Diese Marketingmaßnahmen sind hierbei als ein Prozess zu verstehen, der die Schritte der Analyse, Planung, Durchführung und Kontrolle im Hinblick auf die Konzipierung, Entwicklung, Preisfindung und Verbreitung von Immobilien und/oder immobilienspezifischen Dienstleistungen umfasst, um Austauschprozesse zur Zufriedenheit individueller und organisationaler Ziele herbeizuführen.[23] Dies führt zu einer ganzheitlichen Sichtweise des Immobilienmarketing.[24] Außerdem sind durch die Aufführung der einzelnen Phasen der Managementcharakter deutlich hervorgehoben und ebenso der Zusammenhang zur strategischen Unternehmensführung, was wiederum die hohe Stellung des Immobilienmarketing innerhalb des gesamten (institutionellen) Managements aufzeigt. Diese Sicht des Immobilienmarketing als ganzheitlicher Ansatz wird auch von *Ertle-Straub* aufgegriffen, indem dem Immobilienmarketing mehrere (zeitlich aufeinander folgende) Entwicklungsphasen in den letzten Jahrzehnten speziell im deutschen Raum zugeordnet werden.[25] Anfangs war danach das Immobilienmarketing – parallel zur Auffassung zum generellen Marketing in den Siebziger und Achtziger Jahren des letzten Jahrhunderts – sehr stark auf die Absatzaktivitäten fokussiert. Dies erfuhr einen radikalen Wandel hin zur festen Implementierung des Immobilienmarketing in die Aufbau- und Ablauforganisationen

[22] Vgl. Bobber/Brade, 2001, S. 581 ff.
[23] Vgl. Brade et al., 2008, S. 715.
[24] Vgl. Brade et al., 2008, S. 715.
[25] Vgl. Ertle-Straub, 2013, S. 401 ff.

der Unternehmen, beginnend bei der Planung von Projekten oder dem Ankauf von Objekten, um in sämtliche Managemententscheidungen involviert zu sein. Das Immobilienmarketing beginnt somit bei der Berücksichtigung des Market Researchs und reicht bis hin zur umfassenderen Vermarktung.[26] Dennoch wird heutzutage nachwievor „…Immobilienmarketing […] vielfach als ein Instrument (miss-)verstanden, auf das zurückgegriffen wird, um kurzfristige Vermarktungserfolge zu erzielen, wenn ein Projekt in Schieflage gerät.“[27] Auch wird Marketing teilweise mit reiner Vermarktung gleichgesetzt.[28] Jedoch zeigen diese Ausführungen, dass (Immobilien-)Marketing ein umfassender, ganzheitlicher Managementansatz und Teil der Umsetzung der Unternehmensphilosophie ist, da die zu erbringenden Leistungen sich klar an den Marktverhältnissen orientieren müssen.

Die aktuelle Phase wird nach *Ertle-Straub* auch als die „entscheidungs- und verhaltenswissenschaftliche“ Phase des Immobilienmarketing bezeichnet. Mittlerweile setzt sich die wissenschaftliche Diskussion mit dem Transaktionsprozess zwischen Immobilien-Anbieter und -Nachfrager und ihrem wechselseitigen Entscheidungsverhalten entlang der Wertschöpfungskette auseinander. Die Immobilie wird in diesem Zusammenhang aus Marketingsicht als ein Bündel von Produkteigenschaften verstanden, die zusammen für Kauf-, Miet- oder Pachtentscheidungen verantwortlich zu sehen sind.[29] Hierzu hat sich der Begriff des „Business Development“ entwickelt, dessen inhaltliche Aufgabe – teils synonym zum Marketing – darin zu sehen ist, Geschäftsfelder und Dienstleistungen neu zu entwickeln, auszubauen oder weiterzuentwickeln, um

---

[26] Vgl. Ertle-Straub, 2013, S. 401 ff.
[27] Brade et al., 2008, S. 715.
[28] Vgl. Ziegler, 2006, S. 95.
[29] Vgl. Ertle-Straub, 2013, S. 402.

die immobilienökonomischen Ziele zu erreichen.[30] Gerade in reifen bzw. zunehmend gesättigten Märkten wird der hiermit verknüpften Gestaltung von Kundenbeziehungen – dem Customer Relationship Management (CRM) – auch im Immobilienmarketing eine immer größere Aufmerksamkeit beigemessen.[31] Demzufolge stellt sich die Kundenorientierung im Sinne einer Anbieter-Kundenbeziehung als Leitmaxime des Immobilienmarketing in den Mittelpunkt des Transaktionsprozesses.[32] Dies bedeutet zugleich eine gewisse Abkehr von der starren funktionalen Sichtweise hin zu einem integrativ-prozessualen Marketingansatz in der Immobilienökonomie.[33]

2.2 Der Lebenszyklus der Immobilie im Zusammenhang zum Immobilienmanagement und Immobilienmarketing

Als Immobilienlebenszyklus wird die zeitliche Abfolge der Prozesse von der Entstehung des Objekts über verschiedene Nutzungen hinweg bis hin zur Aufgabe der Immobilie (meist durch Abriss) bezeichnet. Dabei können völlig unterschiedliche Zeiten der Nutzung durch Leer- oder Teil-Leerstände unterbrochen sein – teilweise einhergehend mit Renovierungen, Umbauten und anderen umstrukturierenden Maßnahmen.[34]

Dieser Darstellung aus „Sicht" der Immobilie ist noch zu ergänzen, dass aus Unternehmenssicht ein etwas verkürzter Lebenszyklus relevant sein kann, der sowohl beim Erwerb eines bestehenden Objekts erst einsetzen als auch/oder beim Verkauf enden kann.

---

[30] Vgl. Ertle-Straub, 2013, S. 402.
[31] Vgl. Ertle-Straub, 2013, S. 402.
[32] Vgl. Ertle-Straub, 2013, S. 404.
[33] Vgl. Ertle-Straub, 2013, S. 404.
[34] Vgl. Rottke/Wernecke, 2008, S. 211.

Dies ist aber stark von den Managementaufgaben abhängig (siehe weiter unten).

Ein klassischer Überblick anhand einer funktionellen Systematisierung der im Rahmen des Immobilienlebenszyklus einzusortierenden funktionellen Bereiche der Immobilienwirtschaft kann dabei beispielsweise wie folgt ausfallen (siehe Abbildung 2). Diese Einteilung soll an dieser Stelle aufzeigen, welche Phasen im Lebenszyklus einer Immobilie für gewöhnlich existieren und dass hier klar ersichtlich ist, dass sich das Immobilienmarketing (begleitend) durch diese gesamten Phasen zieht.[35] So hat das Marketing beispielsweise durch den Market Research einen entscheidenden Anteil an der Investitionsentscheidung, aber möglicherweise auch im Rahmen der Kapitalbeschaffung durch Maßnahmen zur Gewinnung von Investitionsgebern. Weiterhin begleitet der Vermarktungsprozess die Immobilie über ihren gesamten Lebenszyklus, von der Entstehung über den Erhalt bis hin zur „Phase der erneuten Investitionsentscheidung" bzw. dem Ende des Lebenszyklus.[36]

[35] Vgl. Falk, 1997, S. 21.
[36] Vgl. Brauer, 2013, S. 25.

Immobilien-lebenszykluss	Phase bis zur Investitions-entscheidung	Entstehungs-phase	Erhaltungs-phase	Phase erneuter Investitions-entscheidung
	Vermarktungsphase			
Zuordnung immobilien-wirtschaftlicher Themen-stellungen	Standort- und Marktanalyse Rendite-berechnung Kapital-beschaffung Steuerrecht	Grundstücks-recht Öffentliches Baurecht Privates Baurecht Architektur/ Bau-ingenieur-wesen	Asset und Property Management Facility Management Mietrecht	Siehe Phase bis zur Investi-tionsentschei-dung
	Projektentwicklung		Immobilienbestandsmanagement	
	Vermarktung (Vermietung/ Verkauf) und Immobilienbewertung			

***Abb. 2:** Immobilienlebenszyklus und Zuordnung immobilienwirtschaftlicher Themengebiete*
***Quelle:** Brauer, 2013, S. 25.*

Für die weitere Vorgehensweise muss jedoch eine andere, darüber hinaus führende Betrachtung gewählt werden. Ausgehend vom im vorigen Abschnitt „definierten" Immobilienmanagementverständnis bzw. dessen Aufgaben auf den einzelnen Ebenen ist im Hinblick für diesen und somit auch für das Immobilienmarketing von entscheidender Bedeutung, welche Perspektive aus Sicht des Unternehmens für die Immobilie zu Grunde liegt bzw. in deren Lebenszyklus liegen wird.[37]
Hieraus ergibt sich ein immobilienspezifischer Lebenszyklusansatz, der die vollständige Wertschöpfungskette der betreffenden Immobilie im Rahmen ihres Lebenszyklus umfasst.[38] Ebenso gibt

[37] Vgl. Kämpf-Dern/Pfnür, 2009, S. 13.
[38] Vgl. Kämpf-Dern/Pfnür, 2009, S. 14.

die Perspektive die Rahmenstruktur des Immobilienmanagements und dadurch das spezifische Immobilienmanagementkonzept vor, was folglich auch das zu wählende strategische Marketingkonzept maßgeblich bestimmt.[39] Hierdurch ist das „Problem“ angesprochen, dass sich je nach Verwendung bzw. Grund des Immobilienprojekts oder des Erwerbs eine unzählige Fülle an unterschiedlichen Managementaufgaben ergeben, die nicht gänzlich und umfassend im Rahmen dieser Arbeit abgehandelt werden können. Dennoch soll dieser Thematik der vielen unterschiedlichen Aufgaben des Immobilienmanagements als Ganzes und damit verbunden des Immobilienmarketing im Speziellen hier zumindest ein grundsätzlicher Überblick verschafft werden.

Entsprechend den Hauptzwecken und Zielen, welche die Akteure des Immobilienmanagements mit ihren immobilienwirtschaftlichen Aktivitäten verfolgen, ist eine mögliche Variante zur Eingruppierung, drei Perspektiven zu bilden:[40]

- Die nutzungsorientierte Perspektive: Sie fokussiert auf den Beitrag von Immobilienflächen zur betrieblichen Leistungserstellung, zur Erstellung von öffentlichen Gütern und Dienstleistungen oder zur Daseinsvorsorge mit dem Hauptziel, das Kosten-Leistungs-Verhältnis zu optimieren. Hier zählen die Immobilien als Ressource im Rahmen der Managementprozesse.
  Daraus ergibt sich das nutzungsorientierte Immobilienmanagement, welches sich an den Vorgaben des Nutzers ausrichtet (v. a. Planung, Steuerung und Kontrolle) und welches die Aktivitäten diesbezüglich auf den Bestand der Immobilie gestaltet.[41]

[39] Vgl. Kämpf-Dern, 2009, S. 3 ff.
[40] Vgl. Kämpf-Dern/Pfnür, 2009, S. 13 ff.
[41] Vgl. Kämpf-Dern, 2009, S. 5.

- Die finanzwirtschaftliche Perspektive: Hier liegen die Schwerpunkte auf der Finanzierung von und der Investition in Immobilien, so dass Immobilienmanagementaktivitäten unter dem Gesichtspunkt der Kapitalanlage und mit dem Ziel der Optimierung von Wertsicherheit, Rentabilität, Liquidität und Risiko erfolgen. Anzumerken ist, dass als Kapitalanlage in diesem Zusammenhang Investitionen zu verstehen sind, welche der Erhaltung des Kapitals während der Anlagedauer sowie der Ertragserzeilung dienen.[42] Hier ist die Immobilie selbst nicht der direkte Gegenstand der Managementprozesse, sondern vielmehr das Kapital.[43] Man spricht in diesem Zusammenhang vom „Anlageorientiertem Immobilienmanagement“. Dieses richtet sich nach den Vorgaben der Investoren bzw. des Investors aus und bezieht sich in der Regel auf fremdgenutzte Immobilien.[44]
- Die immobilientechnologische Perspektive: Hier steht die physikalische Bereitstellung, die Bewirtschaftung und Verwertung bzw. Entsorgung von Immobilien mit dem Ziel der Optimierung von Qualität, Kosten und Terminen im Fokus.

  Dabei sind die Immobilie bzw. den Ansprüchen der Nutzer genügende Immobilienflächen der Output der vom Management zu steuernden Prozesse. Somit orientiert sich das Management an den Vorgaben der potenziellen bzw. aktuellen Investoren und/oder Nutzer.[45]

Diese Perspektiven sind grundsätzlich nicht isoliert zu betrachten. Vielmehr bildet sich aus ihrer Zusammensetzung ein so genanntes

[42] Vgl. Kämpf-Dern, 2009, S. 3.
[43] Vgl. Kämpf-Dern, 2009, S. 3.
[44] Vgl. Kämpf-Dern, 2009, S. 4.
[45] Vgl. Kämpf-Dern, 2009, S. 5.

„dreieckiges Kontinuum", in das die spezifische Ausgestaltung der Immobilienmanagementaktivitäten einzelner Akteure einzuordnen sind, da die einzelnen Perspektiven oft gemeinsam auftreten und sich nicht gegenseitig ausschließen.[46] Diese Einordnungen hängen von deren individuellen Zwecken und Zielen ab und können sich im Laufe des Lebenszyklus der Immobilie verschieben. Die nachfolgende Abbildung gibt anschaulich eine beispielhafte Zuordnung verschiedener Akteure der Immobilienwirtschaft (siehe Abbildung 3 auf der nächsten Seite).

Die Schwerpunktsetzung bzw. der Ausprägungsgrad dieser Perspektiven bewirkt nun zweierlei: zum einen die individuelle sequenzielle Ausgestaltung der Lebenszyklusphasen, zum anderen die Aufgaben auf den einzelnen Managementebenen. Je nach Fokus der Perspektive gelangt man zu unterschiedlich auszugestaltenden phasenübergreifenden oder phasenbezogenen Konzepten und Aktivitäten, welche an die einzelnen Managementebenen unterschiedliche Anforderungen stellen.[47]

Hierauf wird im weiteren Verlauf der Arbeit vertiefend eingegangen.

[46] Vgl. Kämpf-Dern, 2009, S. 4.

[47] Vgl. Kämpf-Dern/Pfnür, 2009, S. 20.

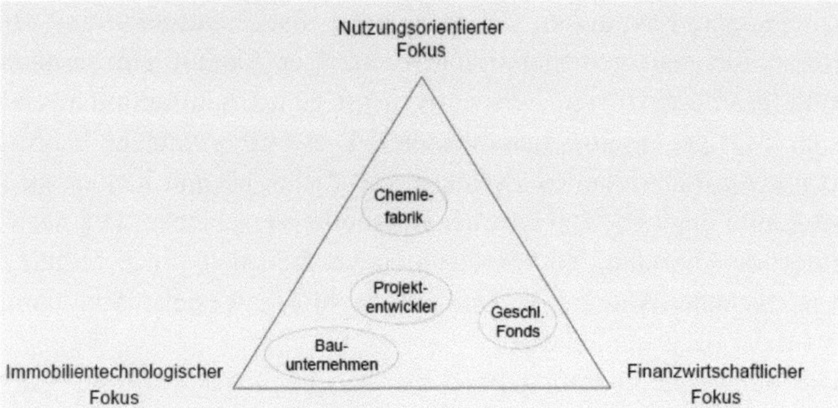

Abb. 3: *Dreieckiges Kontinuum der Immobilienperspektiven mit plakativer Einordnung von Akteuren*
Quelle: *Kämpf-Dern, 2009, S. 4.*

Eine modellhafte Übersicht über möglichst alle Aktivitäten, die im Rahmen des Lebenszyklus auftreten können, gibt die folgende Abbildung (siehe Abbildung 4), die anhand der drei übergeordneten Phasen „Konzeption/Bereitstellung", „Nutzung/Bewirtschaftung" und „Verwertung" eine Art „Baukasten" liefert, aus dem der tatsächliche spezifische Lebenszyklus sequenziell zusammengesetzt werden kann:

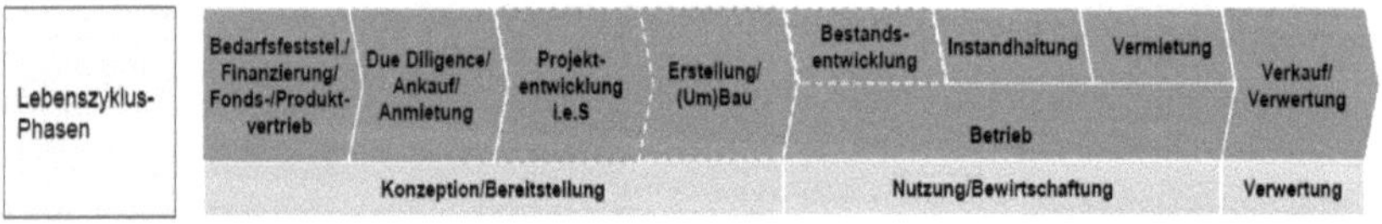

Abb. 4: *Immobilien-Lebenszyklusphasen*
Quelle: *Kämpf-Dern/Pfnür, 2009, S. 14.*

Gemäß der hier vorgestellten Betrachtungsweise wird die Dimension des Immobilienmanagements und somit auch das dazugehörige Marketingmanagement in drei (Haupt-) Ebenen unterteilt, welche sich aus der klassischen Betriebswirtschaftslehre herleiten,

u. a. abgeleitet aus den Managementebenen „strategisch", „taktisch" und operativ".[48] Weiterhin existiert für das Immobilienmanagement seit 2004 nach der so genannten „GIF-Richtlinie (Gesellschaft für immobilienwirtschaftliche Forschung e. V.) REIM (Real Estate Investment Management)" folgende Einteilung: die Investment-Ebene, die Portfolio-Ebene und die Objekt-Ebene.[49] Dem Vorschlag nach *Kämpf-Dern/Pfnür* folgend, werden diese Ebenen nun auf das Immobilienmanagement leicht abgewandelt übertragen, wodurch der Investmentcharakter abgeschwächt und das Immobilienmanagement in den Vordergrund gerückt wird:[50]

- die oberste Ebene bildet die „Investment- bzw. Unternehmensebene": Dies ist das Pendant zur strategischen Ebene, auf der die Unternehmenspolitik bzgl. der immobilienwirtschaftlichen Aktivitäten der jeweiligen Akteure festgelegt wird.
- die Portfolio-Ebene: Diese entspricht der taktischen Ebene und ist für alle Entscheidungen das Portfolio betreffend zuständig, d. h. sie übernimmt hierfür die Managementaufgaben „Planung, Organisation, Durchsetzung und Kontrolle".
- die Objekt-Ebene erfährt eine Zweiteilung: Das strategische Objektmanagement schafft die Voraussetzungen für die Umsetzung der Portfoliostrategie durch die Erstellung entsprechender objektbezogener Strategien, für deren Umsetzung es auch verantwortlich ist. Darunter, als zweiter Teil, befindet sich das operative Objektmanagement, welches alle operativen Managementaufgaben innehat. Es steuert sowohl die eigenen Geschäftsprozesse als auch interne und externe Dienstleister.

[48] Vgl. Kämpf-Dern/Pfnür, 2009, S. 21 ff.
[49] Vgl. Kämpf-Dern/Pfnür, 2009, S. 22 f.
[50] Vgl. Kämpf-Dern/Pfnür, 2009, S. 23 ff.

2.3 Das strategische Immobilienmarketing als ganzheitlicher Managementprozess

Das Immobilienmarketing wird mit den erarbeiteten Lebenszyklus-Hauptphasen im Rahmen einer prozessorientierten Sichtweise in Verbindung gestellt, in dessen Schwerpunkt das Immobilienmarketingkonzept dem Lebenszyklus gegenübersteht.

Das seit gut einem Jahrzehnt bestehende Marketingverständnis des Immobilienmarketing mit seinen wesentlichen Elementen der konsequenten Kundenorientierung (die dauerhafte Bedürfnisbefriedigung), der hohen Bedeutung der Researchaktivitäten (systematische Planung) und der Prozessorientierung (Planungs-/Entscheidungsfindung), die im bisherigen Verlauf aufgeführt wurden, finden sich in der folgenden Darlegung als Schwerpunkte wieder.[51] Dabei ist festzuhalten, dass das Immobilienmarketing genau wie das „allgemeine" Marketing – wie bereits oben beschrieben (siehe unter 2.1) – als wiederholender Managementprozess aufgefasst wird. Dieser vollzieht sich als Kreislauf, gegliedert in die (vereinfacht gesehen) bekannten „Schritte" – angefangen mit der Analyse und Zielsetzung über die Planung, Durchführung, Steuerung und Kontrolle mit dem entsprechenden Feedback auf das Planungsverhalten:[52]

[51] Vgl. Brade, 1998, S. 39.
[52] Vgl. u.a. Wöhe, 2010, S. 86 ff.

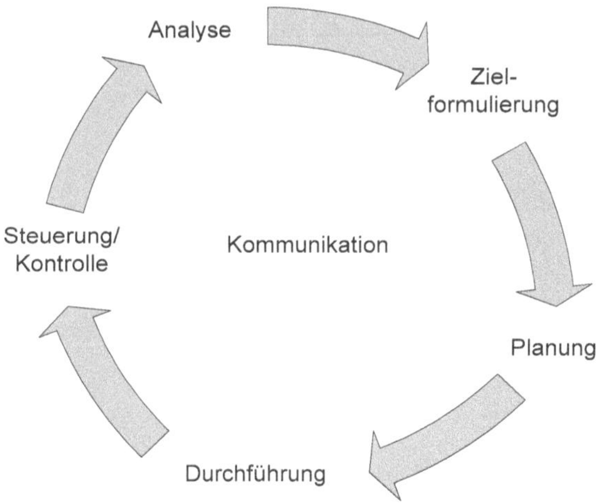

Abb. 5: *Der Management-Kreislauf*
Quelle: *in Anlehnung an: Wöhe, 2010, S. 86 ff.*

Dieser Marketingmanagement-Kreislauf lässt sich auf das Immobilienmarketing in eine Form übertragen, in der der herausgestellte Zusammenhang zum Immobilienlebenszyklus mit eingebunden wird. Dies führt zu einem Immobilienmarketingprozess, der sich aus den Unternehmenszielen ableitet und in dessen „Kern" die Marketingplanung steht, welche in direkter Bezugnahme zu diesem Immobilienlebenszyklus gesetzt wird. Die Notwendigkeit eines planvollen phasenorientierten, strategischen Marketingprozess ergibt sich allein schon aus den strategischen Herausforderungen von Markt und Wettbewerb.[53] Nur so können die unternehmerischen Zielstellungen verfolgt werden, indem hierdurch Wettbewerbsvorteile geschaffen und erhalten werden. Der Marketingplanung kommt auch deshalb eine Schlüsselstellung zu, da sie den Teil der Unternehmensplanung darstellt, der den größten externen Bezug aufweist.[54] Gerade die in den letzten Jahren zuneh-

[53] Vgl. Brade, 1998, S. 13.
[54] Vgl. Käßer-Pawelka, 2001, S. 949.

mend rascheren Veränderungen in der Umwelt der Immobilienökonomie erfordern den Abbau starrer Planungsautomatismen zugunsten flexibler Konzepte, die es ermöglichen schnell und angemessen zu reagieren.[55]
Die folgende Abbildung (siehe Abbildung 6) zeigt die einzelnen Bereiche des prozessorientierten Immobilienmarketing im Zusammenhang zum Immobilienlebenszyklus, angelehnt an den klassischen Marketingablauf.

[55] Vgl. Käßer-Pawelka, 2001, S. 949.

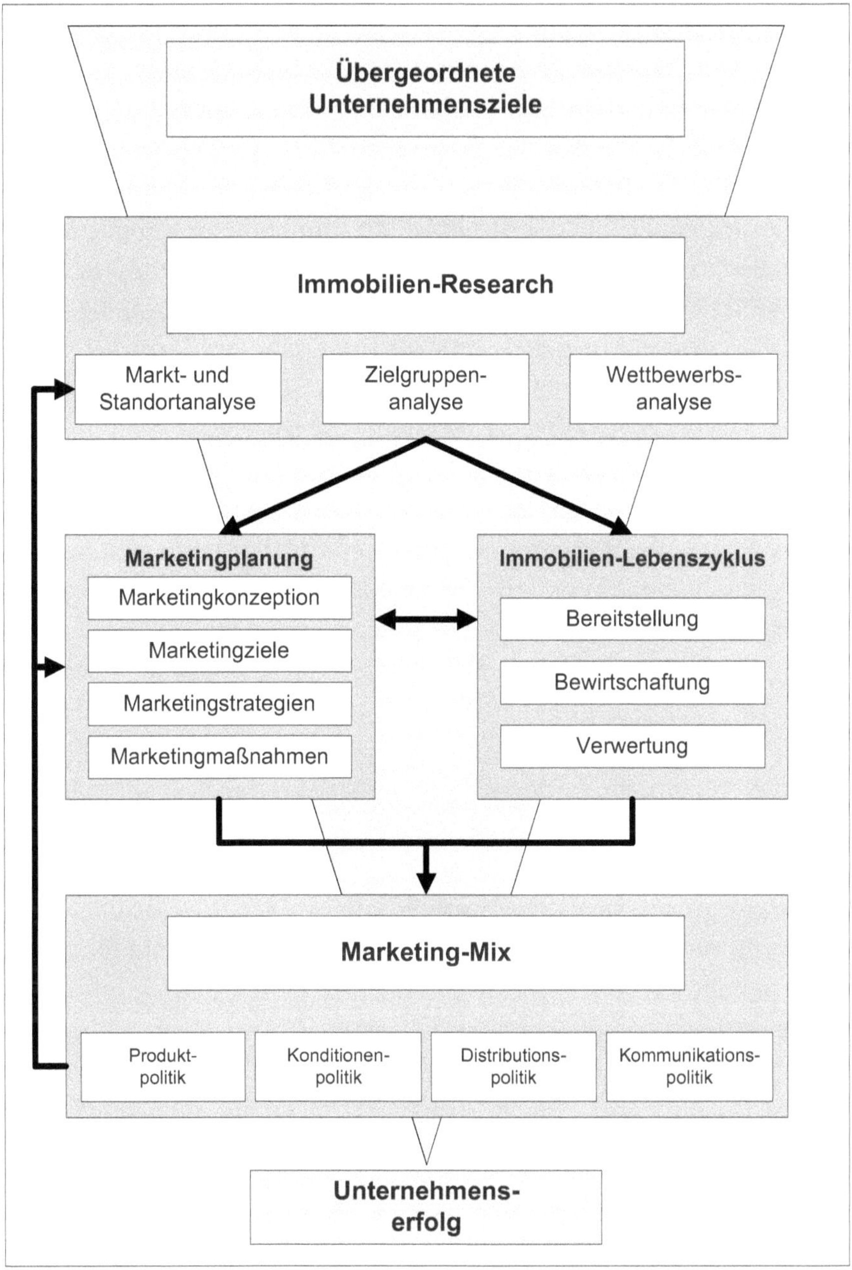

Übergeordnete Unternehmensziele
Immobilien-Research
Markt- und Standortanalyse
Zielgruppen-analyse
Wettbewerbs-analyse
Marketingplanung
Marketingkonzeption
Marketingziele
Marketingstrategien
Marketingmaßnahmen
Immobilien-Lebenszyklus
Bereitstellung
Bewirtschaftung
Verwertung
Marketing-Mix
Produkt-politik
Konditionen-politik
Distributions-politik
Kommunikations-politik
Unternehmens-erfolg

Abb. 6: *Der Marketingprozess des Immobilienmarketing*
Quelle: *in Anlehnung an: Ertle-Straub, 2013, S. 401 ff., Käßer-Pawelka, 2001, S. 941 ff., Streibich, 2011, S. 24, Bruss/Quade, 2007, S. 13.*

Gut zu erkennen ist der strukturierte, auf einander abgestimmte zeitliche Ablauf der einzelnen Phasen des Marketingprozesses. Ebenso ist in dieser Ausführung der ganzheitliche Ansatz des strategischen Immobilienmarketing als umfassendes Unternehmensführungskonzept erkennbar.[56] Neben dem Schwerpunkt der eigentlichen Marketingplanung ist hieraus ersichtlich, dass dem die sehr bedeutsame Analyse-Phase mit den einzelnen Segmenten des Immobilien-Researchs vorangeschaltet ist. Im Anschluss an die Planungs-Phase findet die operative Umsetzung der geplanten Marketingmaßnahmen durch die Durchführung des Marketing-Mix (klassisch: die „4 P's" bzw. bei Dienstleistungen gegebenenfalls auch um weitere Felder wie z. B. die „Servicepolitik" erweitert) statt, wodurch ein direkter Einfluss auf den Unternehmenserfolg gegeben ist.[57]

Darüber hinaus ist in der Abbildung der stetige Rückkopplungsprozess mit dem Feedback angedeutet, auf dessen hohe Bedeutung im späteren Verlauf ebenfalls noch genauer eingegangen wird. Der gesamte Prozess muss demzufolge immer wieder kontrolliert und überprüft werden, um eine kritische Reflexion der Planungsschritte und -inhalte zu gewährleisten.[58] Ebenso wird der angesprochene gegenseitige Zusammenhang zwischen dem Lebenszyklus der Immobilie als wichtigen Impulsgeber für die Gestaltung der Marketingkonzepte bzw. deren Ausgestaltungen als auch umgekehrt die Marketingergebnisse als Voraussetzung für „Eingriffe" in den

[56] Vgl. Käßer-Pawelka, 2001, S. 946.
[57] Vgl. Käßer-Pawelka, 2001, S. 946 ff.
[58] Vgl. Bruss/Quade, 2007, S. 14.

zeitlichen Ablauf des Immobilienlebenszyklus deutlich. Innerhalb der Phasen des Immobilienlebenszyklus kann dabei eine differenzierte Bedeutungsintensität im Grad der gegenseitigen Einflussnahme unterstellt werden. So ist die Einflussnahme am Anfang des Lebenszyklus mit Sicherheit am höchsten.[59]
Zusammenfassend lässt sich das Immobilienmarketing somit charakterisieren als ein systematisches, ganzheitliches umfassendes, interaktives, potenzialorientiertes und in der Regel längerfristig orientiertes Unternehmensführungskonzept, das eine bestimmte strategische Sichtweise erfordert, bei der strategische Planung und operative Ausführung im engen Zusammenspiel stehen.[60]

An dieser Stelle sei noch aufgrund seiner großen Bedeutung vertiefend auf das Immobilien-Research eingegangen: Hier werden Analysen über Märkte, Standort, Zielgruppen und Wettbewerber durchgeführt und so die entscheidenden Informationen gewonnen, um eine Basis für die potenziell infrage kommenden Konzepte zu liefern.[61] Das Immobilien-Research bzw. die Immobilienmarktforschung ist somit als ein „systematisches Informationsmanagement“ zu sehen.[62] Dies bedeutet, dass es zu einer umfassenden und zielorientierten Erfassung und Untersuchung der Immobilienmärkte unter Anwendung ausgewählter, wissenschaftlich fundierter Analyseverfahren für die Entscheidungsfindung kommt.[63] Ziel ist die Schaffung von Transparenz als Basis, um Chancen und Risiken zu identifizieren, zu analysieren und zu bewerten.[64] Ein umfassendes Informationsmanagement in diesem Bereich ist sehr wichtig,

[59] Vgl. Bolliger/Ruhstaller, 2011, S. 94.
[60] Vgl. Käßer-Pawelka, 2001, S. 946.
[61] Vgl. Streibich, 2011, S. 25 ff.
[62] Vgl. Ertle-Straub, 2013, S. 408.
[63] Vgl. Ertle-Straub, 2013, S. 408.
[64] Vgl. Ertle-Straub, 2013, S. 408.

denn oft besteht ein Defizit in der Marketingplanung in der meist zu einseitigen, auf nur einzelne Marktbereiche begrenzten Ausrichtung dar. Jedoch muss gerade heutzutage aus dem Blickwinkel der langfristigen Sicherung von Marktpotenzialen neben der systematischen Einbeziehung der gesellschaftlichen und ökonomischen Umwelt die Analyse des Wettbewerbs und v. a. der Kunden im Mittelpunkt der Marketingplanung stehen.[65] Neben diesen grundlegenden Analysen von Unternehmens- und Umweltgegebenheiten, die so genannten Basisanalysen im Immobilien-Research (auch oftmals bezeichnet als „Situationsanalyse"), existieren noch Spezialanalysen, die eher indirekt als Informationsgrundlage für die Ausrichtung des Immobilienmarketing einfließen. Hierzu zählen v. a. Bewertungsanalysen, die Investitionsanalyse und die Finanzierungsanalyse.[66] Zu den Basisanalysen zählen zudem auch die Gebäudeanalyse und Mietanalysen.[67]

- Die Standortanalyse wird zumeist mit der Marktanalyse zusammen durchgeführt (umgangssprachlich in der Literatur deshalb auch als „STOMA" bezeichnet). Hier werden systematisch diejenigen Informationen gesammelt, gewichtet und ausgewertet, die direkt oder indirekt mit der Immobilie im Zusammenhang stehen. Zielsetzung ist es, alle für die Beurteilung der Entwicklungsmöglichkeiten einer Immobilie relevanten Rahmenbedingungen aufzuzeigen sowie perspektivisch zu bewerten. Nahezu allen Methoden der Standortanalyse ist das Ziel der „Bestimmung der Standortqualität" gemein.[68] Dabei sind Restriktionen für die Immobilienentwicklung herauszubilden.[69]

[65] Vgl. Käßer-Pawelka, 2001, S. 947.
[66] Vgl. Ertle-Straub, 2013, S. 414.
[67] Vgl. Ertle-Straub, 2013, S. 414.
[68] Vgl. Ertle-Straub, 2003, S. 65.
[69] Vgl. Ertle-Straub, 2013, S. 409.

Kennzeichnend für den Immobilienmarkt ist grundsätzlich die absolute Standortgebundenheit, wodurch der Immobilienmarkt mit keinem anderen Markt vergleichbar ist (siehe weiter unten in Kapitel 3). Der Boden ist das komplementäre Gut aller Immobilientypen.[70] Demzufolge wird die Standortanalyse aus Sicht des Herstellers bzw. Investors zur Produktanalyse, da alle räumlichen Aspekte des Standorts dem Produkt „Immobilie" zuzurechnen sind.[71] Die Standortanalyse fixiert dabei das Marktgebiet. Zu unterscheiden ist hierbei grundsätzlich zwischen dem Makro- und dem Mikrostandort:[72] Makrostandort meint die großräumige Stadt bzw. die Region oder den Verflechtungsraum, welcher unabhängig von der Immobilie oder einer bestimmten Nutzung analysiert wird. Der Mikrostandort charakterisiert den kleinräumig begrenzten Raum, der für die Beurteilung des zu betrachtenden Grundstücks relevant ist – meist ist dies die fußläufig erreichbare Nachbarschaft. In Ergänzung hierzu ist noch der Begriff der „Lage" zu nennen: Dies ist die konkrete nutzungsspezifische Einordnung des Grundstücks bzw. des Immobilienstandorts.[73] Jede Lage hat demnach einen Standort, wobei aus dem Standort erst eine Lage wird aufgrund der hierfür vorgesehenen Nutzung, den nutzungsspezifisch unterschiedlich zu beurteilenden Umfeldbedingungen und der im Zeitablauf veränderlichen Marktgegebenheiten.[74] Genau hierfür muss eine Standortbewertung vorgenommen werden, indem Standortfaktoren und Marktinformationen nach deren Analyse verdichtet werden, um so zu einer Entscheidung zu gelangen. Es wird hierbei zwischen quantitativen Standortbewer-

[70] Vgl. Ertle-Straub, 2003, S. 21.
[71] Vgl. Ertle-Straub, 2003, S. 63.
[72] Vgl. Streibich, 2008, S. 32.
[73] Vgl. Streibich, 2008, S. 32.
[74] Vgl. Streibich, 2008, S. 32.

tungsmethoden, welche die Standortproblematik auf die monetäre Dimension einschränken, und qualitativen Methoden der Standortbewertung unterschieden, welche sowohl klassische als auch innovative Ansätze beinhalten.[75] Zu den qualitativen Standortbewertungsmethoden gehören z. B.: die Standortklassifikation aufgrund räumlicher Zuordnung zu einer Lage, Analogiemethoden (Übertrag von Erfahrungen mit anderen Standorten), die Stärken-Schwächen-Methode, die Checklist-Methode und Scoring-Methoden wie bspw. Rangreiheverfahren, Nutzwertanalyse und Real Estate Norm.[76] Weiterhin ist hierzu zu erläutern, dass die für eine Immobilie bedeutsamen räumlichen Rahmenbedingungen, die den Standort wesentlich prägen und somit die nutzungsspezifische Lagequalität maßgeblich mitbestimmen, auch – neben der Klassifizierung als qualitative oder quantitative – in harte und in weiche Standortfaktoren unterschieden werden.[77] Harte Standortfaktoren im Immobilienbereich sind v. a. die Verkehrsanbindung, die Verfügbarkeit relevanter Ressourcen, die relevante Wirtschaftsstruktur oder z. B. die Nähe zu den Absatz- und Beschaffungsmärkten. Mögliche weiche Faktoren sind bspw. das Wirtschaftsklima in Stadt und Region, die Umweltqualität, das Image des Standortes, die Wohnqualität, der Freizeitwert und das Kulturangebot oder auch Karrieremöglichkeiten.[78] Die harten bzw. weichen Standortfaktoren können für eine Einstufung wiederum in den Zusammenhang zu den quantitativen und qualitativen Standortfaktoren gebracht werden, wie die nachfolgende Abbildung als ein mögliches Beispiel anschaulich zeigt (siehe Abbildung 7):[79]

[75] Vgl. Ertle-Straub, 2013, S. 412.
[76] Vgl. Ertle-Straub, 2013, S. 412.
[77] Vgl. Glatte, 2014, S. 94 f.
[78] Vgl. Glatte, 2014, S. 94 f.
[79] Vgl. Glatte, 2014, S. 96 f.

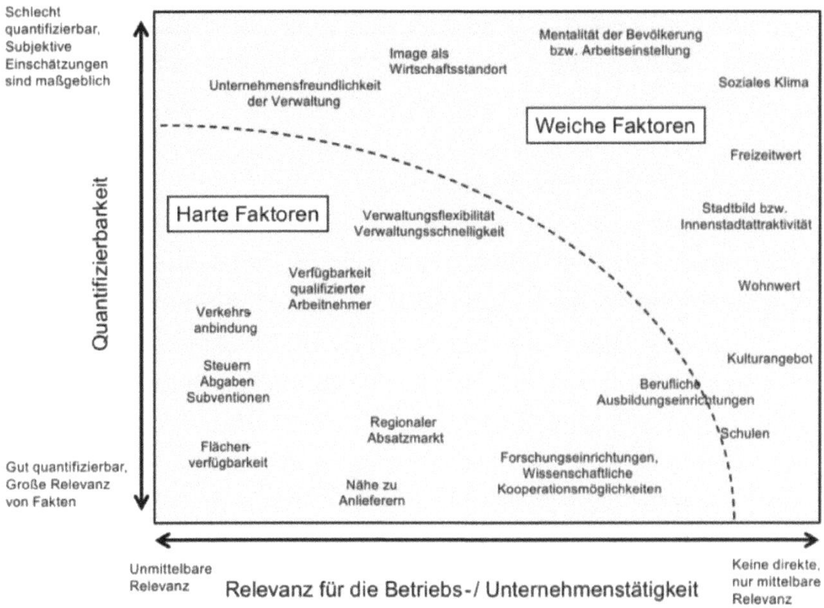

***Abb. 7:** Das Kontinuum der harten und weichen Standortfaktoren*
***Quelle:** Freyer, 2008, S. 50., entnommen aus: Glatte, 2014, S. 96.*

In dieser Abbildung sind die einschlägigen harten und weichen Faktoren der Immobilienwirtschaft in Relation einerseits zu ihrer Quantifizierbarkeit gesetzt, welche die objektive Verwendung von dadurch erhaltbaren Fakten widerspiegelt, andererseits zu ihrer (qualitativen) Relevanz für die Betriebs-/Unternehmertätigkeit. Es zeigt sich, dass Faktoren mit starken sozioökonomischen oder psychologischen Aspekten eher schwer quantifizierbar sind, die dadurch aber wiederum üblicherweise gut qualitativ beschrieben werden können.[80] Dies nutzt dann folglich letztendlich nicht für einen objektiven Vergleich. Weiche Standortfaktoren sind typischerweise eher politische oder sozioökonomische Rahmenbedingungen an den

[80] Vgl. Glatte, 2014, S. 96.

Standorten, wodurch diese eher eine qualitative Einordnung besitzen. Demzufolge lässt sich generell festhalten, dass harte Faktoren sich eher objektiv bewerten und direkt beeinflussen lassen, weiche Faktoren hingegen sind eher nur subjektiv einschätzbar und oft emotional geprägt.[81]

- In Ergänzung zur gemeinsamen Standort- und Marktanalyse ist anzuführen, dass die Marktanalyse die Immobilienmärkte sowohl einerseits nach subjektbezogenen Kriterien (Marktteilnehmer) abgrenzt, andererseits nach objektbezogenen Kriterien (Nutzungsarten) sowie auch nach räumlichen Kriterien.[82] Aus diesen Kombinationen entstehen die Vielzahlen von Teilmärkten. Dabei zielt die Marktanalyse auf die Einschätzung der Angebots- und Nachfragesituation in diesen unterschiedlichen Teilmärkten ab. Dadurch wird versucht, eine bestmögliche Markttransparenz zu erreichen und Informationsasymmetrien zu beseitigen.[83]

Auch bei der Marktanalyse wird wiederum zwischen quantitativen und qualitativen Formen unterschieden: Quantitative Analysen untersuchen bspw. die Aufnahmefähigkeit durch Ist-Analyse der Angebots- bzw. Nachfragesituation auf m²-Basis (Bestandsflächen, Leerstand, Vermietungsleistung p.a., Flächen im Bau und in der Planung, Flächenkennziffern pro Beschäftigten/je Einwohner, Mietpreise, Renditen etc.), die Bestimmung des Anteils eines Projekts an der Flächenabsorption oder liefern Prognosen der quantitativen Aufnahmefähigkeit für die jeweiligen Teilmärkte (Bürobeschäftigungsentwicklung, Flächenausstattung, Wachstumsraten, Ersatzbedarf bzw. Kaufkraftentwicklung, Bevölkerungsentwicklung, Entwicklung von Flächenproduktivitäten etc.). Qualitative Marktanalysen verfolgen hin-

[81] Vgl. Gubler/Möller, 2006, S. 62.
[82] Vgl. Ertle-Straub, 2013, S. 412.
[83] Vgl. Streibich, 2008, S. 26.

gegen Zielstellungen wie z. B. welche Flächentypen und Standards von welchen Nutzern und Branchen nachgefragt bzw. von welchen Investoren angeboten werden, welche Mikrostandorte präferiert werden und wie sich Präferenzen verschieben sowie auch generell die Identifikation von Marktnischen.[84]

- Die Wettbewerbsanalyse kann als eine besondere Form der Marktanalyse gesehen werden.[85] Die Wettbewerbsanalyse bspw. ermittelt die relative Marktposition der Immobilie im Verglich zu den Wettbewerbsobjekten.
- Die Kunden- bzw. Zielgruppenanalyse untersucht die Nachfrageseite. Gerade aufgrund der vielfältigen Immobilientypen existiert eine große Bandbreite von verschiedenen Nachfragern bzw. Kunden, die sich zum Teil sehr stark hinsichtlich ihrer Bedürfnisse, Probleme, Wünsche, Wahrnehmungen, Ansprüche, Werte, finanziellen Mittel und Lebensstile unterscheiden.[86] Um im Bereich des Immobilienmarketing eine möglichst einheitliche Marketingstrategie für die Vielzahl an heterogenen Marktteilnehmer entwickeln zu können, gilt es Zielgruppen und deren Merkmale und Anforderungen zu identifizieren.[87] Zur gleichen Zeit besteht aber auch in der Praxis das Problem, dass potenzielle Mieter oder Käufer konkret vernachlässigt werden, da keine präzise Zielgruppendefinition vorgenommen wird. Stattdessen sollen aufgrund von starkem Wettbewerbsdruck möglichst viele Zielgruppen erreicht werden, was jedoch eventuell kontraproduktiv sein kann.[88] Hier soll eine klare Bestimmung der Zielgruppen helfen, die richtige Marketingstrategie zu schaffen. Zielgruppen definieren sich nach bestimmten Merk-

[84] Vgl. Ertle-Straub, 2013, S. 413.
[85] Vgl. Ertle-Straub, 2013, S. 413.
[86] Vgl. Streibich, 2008, S. 32.
[87] Vgl. Streibich, 2008, S. 34.
[88] Vgl. Streibich, 2008, S. 34.

malen, dies sind u. a.: geografisch-regionale Merkmale (Staaten, Bundesländer, Städte, Stadtteile etc.), demografische Merkmale (Alter, Geschlecht, Familienstand, Beruf, soziale Schicht, Einkommen u. ä.), psychografische Merkmale (Persönlichkeit, Lebensstil und Lebensziele) sowie Verhaltensmerkmale (Kaufanlässe, Nutzererwartungen, Nutzerstatus, Kaufbereitschaft etc.).[89] In der Praxis werden die Zielgruppenanalysen jedoch häufig auf demografische und geografisch-regionale Merkmale reduziert – u. a. auch aufgrund mangelnder Informationsverfügbarkeit.[90]
Weiterhin ist vor allem bei den Zielgruppenanalysen im Immobilienmarketing nach den Motiven der Zielgruppen zu fragen. Selbstnutzer einer Immobilie haben völlig andere Motive als z. B. Investoren oder Kapitalgeber.[91] Hiermit im Zusammenhang sind die generellen Ausführungen zu den möglichen Anspruchsgruppen zu sehen, auf die im nächsten Abschnitt eingegangen wird. Als Ausgangspunkt für eine Zielgruppenanalyse ist demnach immer die Frage zu beantworten, für welche konkreten Merkmale einer Immobilie in der Region bzw. dem Standort Bedarf besteht bzw. bei bestehenden Immobilien ist zu ergründen, welche konkreten Merkmale diese besitzt.[92] Dies ist mit den Motiven der verschiedenen Zielgruppen in Abgleich zu bringen, um zu erkennen, welche Zielgruppen hierdurch relevant sind.

- Die Gebäudeanalyse als weitere Basisanalyse beschäftigt sich mit dem Objekt bzw. Projekt selbst und umfasst die Analyse des Nutzungskonzeptes. Vor dem Hintergrund potenzieller Mieter/Nutzer werden Funktionalität, Zuwegung, Ausstattungsstan-

[89] Vgl. Streibich, 2008, S. 34.
[90] Vgl. Streibich, 2008, S. 34.
[91] Vgl. Streibich, 2008, S. 35.
[92] Vgl. Streibich, 2008, S. 35.

dards, Flexibilität der Objekteinheiten (insbesondere bei Gewerbeimmobilien), Effizienz in der Bewirtschaftung, Flächen, Nutzung, technische Gegebenheiten, Nachnutzungsmöglichkeiten etc. geprüft.[93]

- Die Mietanalysen dienen der Optimierung des Cash-Flows aus der Immobilie bzw. aus dem Portfolio. Bezugsbasis sind hierbei die Mietflächen. Dies kann insbesondere bei gemischt genutzten Immobilien problematisch für die Analyse werden.[94] Folgende Punkte sind Gegenstand dieses Untersuchungsbereichs: Analyse existierender Mietverhältnisse (Mieterbonität, Mietvertragslaufzeit, Entwicklung der Miete, Mietvertragsmodalitäten, Vertragstypen), Mietermix, Branchenmix oder auch Sozialmix bei Wohnungsmietern, Betriebskosten bei Vergleichsobjekten, Prognose der Performance-Erwartungen auf Ebene des Einzelobjekts bzw. innerhalb des Nutzungsclusters für Zwecke des Benchmarking.[95]
- Zu den Spezialanalysen sei zur Vervollständigung ausgeführt, dass Bewertungsanalysen der Wertermittlung einer Immobilie auf Basis nationaler und internationaler Wertermittlungsverfahren dienen. Hier sind die Ergebnisse der Standort- und Marktanalyse unerlässlich für die Bewertung.[96] Die Investitionsanalyse befasst sich mit der voraussichtlich erzielbaren Rendite unter Einsatz statischer und dynamischer Investitionsrechenverfahren. Auch hier fließen die Ergebnisse der Basisanalysen wiederum mit ein.[97] Die Finanzierungsanalyse erfolgt auf der Ebene der Kreditnehmer hinsichtlich der Bonität und Kapitaldienstfähigkeit. Hierfür ist der tatsächliche Beleihungswert der geplanten

[93] Vgl. Ertle-Straub, 2013, S. 413.
[94] Vgl. Ertle-Straub, 2013, S. 413.
[95] Vgl. Ertle-Straub, 2013, S. 414.
[96] Vgl. Ertle-Straub, 2013, S. 414.
[97] Vgl. Ertle-Straub, 2013, S. 414.

bzw. bestehenden Immobilie von Interesse und weniger prognostizierte, zukunftsorientierte Zahlen.[98] Die Machbarkeitsstudie („Feasibility Study"), die ebenfalls zu den Spezialanalysen zählt, dient entweder der Beurteilung der wirtschaftlichen Sinnhaftigkeit des geplanten Projekts unter Berücksichtigung von speziell zu entwickelnden Nutzungskonzepten oder aber fasst abschließend alle vorangegangenen Analysen im Sinne von Stärken/Schwächen, Chancen/Risiken für die Gesamtbeurteilung zusammen.[99] Sie kann somit als Ergebnis der vorangegangenen Analysen, vor allem der Standort- und Marktanalyse, aufgefasst werden.[100] Die Machbarkeitsstudie ist gerade bei betrieblichen Immobilienvorhaben ein wichtiger Baustein, der allen betroffenen Parteien, u. a. auch der Öffentlichkeit, Rechnung trägt.[101] Schwerpunkt ist die Beurteilung, ob ein Immobilienprojekt innerhalb eines bestimmten Zeitrahmens unter Betrachtung möglicher Probleme wie z. B. technische, soziale oder auch rechtliche und unter Berücksichtigung der vorhandenen oder akquirierbaren Ressourcen in finanzieller, personeller und technologischer Hinsicht umsetzbar ist.[102]

In der Wissenschaft kommt es vermehrt zur Entwicklung so genannter „GIS – Geographische Informationssysteme" für die Immobilienwirtschaft.[103] Dies sind umfassende Systeme zur Datenerfassung und -verwaltung zum Zwecke der Analyse von standortrelevanten Informationen. Diese Systeme unterscheiden sich dabei nach unterschiedlichen funktionalen Schwerpunktsetzungen. Ein

---

[98] Vgl. Ertle-Straub, 2013, S. 414.
[99] Vgl. Ertle-Straub, 2013, S. 414.
[100] Vgl. Heinrich, 2006, S. 29 ff.
[101] Vgl. Glatte, 2014, S. 89.
[102] Vgl. Glatte, 2014, S. 90.
[103] Vgl. Segerer, 2011, S. 7.

einfaches Beispiel für eine solche Datenbank ist bspw. die Suche nach einer Wohnung in einem der einschlägigen Portale im Internet anhand bestimmter vorgebbarer Kriterien wie Lage, Größe, Mietkosten etc.[104] Diese Systeme existieren auch in der professionellen Immobilienwirtschaft für die verschiedenen Anwendungsgebiete, wo ein räumlicher Bezug für einen Immobilienstandort oder eine Immobilie selbst herzustellen ist.[105] Grundsätzlich gibt es die Möglichkeiten, ein solches GI-System selbst aufzubauen oder auf weitestgehend vorhandene Daten, eventuell durch Ankauf dieser Informationen, zuzugreifen.[106]
Gerade im Bereich der Immobilienanalyse ist der Einsatz von solchen Datenbanken ein sehr wirkungsvolles und hilfreiches Werkezeug und sollte obligatorisch sein.[107] GI-Systeme spielen vor allem in standortbezogenen Fragestellungen ihre große Stärke aus.[108] Dies bedeutet ebenfalls, dass für das hierauf aufbauende Immobilienmarketing die Verwendung von GI-Systemen sehr nützlich erscheint.

2.4 Die Zielgruppen und Akteure des Immobilienmarketing

Die Anspruchs- bzw. Zielgruppen des Immobilienmarketing sind sehr vielfältig und breit gefächert.[109] Es kommt ganz entscheidend auf den weiter oben angesprochenen mit der Immobilie verbundenen Zweck an.

---

[104] Vgl. Segerer, 2011, S. 7.
[105] Vgl. Segerer, 2011, S. 7 ff.
[106] Vgl. Segerer, 2011, S. 8.
[107] Vgl. Segerer, 2011, S. 13 ff.
[108] Vgl. Segerer, 2011, S. 16.
[109] Vgl. Urschel, 2010, S. 213.

Mögliche Ziel- bzw. Anspruchsgruppen sind v. a.:[110]

- institutionelle Kapitalanleger oder Investoren (z. B. Immobilienfonds, Leasing-Gesellschaften, ausländische Investoren, Versicherungsunternehmen)
- direkte Kapitalgeber wie z. B. Kreditinstitute oder Bausparkassen
- Selbstnutzer und Käufer als Eigentümer (z. B. Privatpersonen, Unternehmen, öffentliche Bauherren)
- Betreiber, Pächter, Mieter oder Nutzer aus den unterschiedlichsten Bereichen (z. B. Gewerbe- oder Wohnungsmieter, Einzelhändler, Großhändler, Industrie- oder Dienstleistungsunternehmen, große internationale Unternehmen, Gewerbetreibende, kurzfristige Mieter etc.)
- Projektentwickler, Bauträger, Bauunternehmen, Architekten
- Absatzmittler oder Absatzhelfer
- Immobilienverwalter und -berater
- Wohnungsunternehmen oder Wohnungsbaugenossenschaften
- öffentliche Behörden und Einrichtungen

An dieser Aufzählung lässt sich gut die Schwierigkeit erkennen, die im Rahmen der Zielgruppenanalyse (siehe vorheriger Abschnitt) gelöst werden muss: Aufgrund der großen Vielfalt im Einsatzbereich einer Immobilie sind die Zielgruppen grundlegend zu klären, um zu wissen, wie das Immobilienmarketing auszugestalten ist. Hiermit im Zusammenhang steht die oben ebenfalls bereits aufgeworfene Fragestellung nach den Motiven der unterschiedlichen Zielgruppen.

---

[110] Vgl. u.a. Gubler/Möller, 2006, S. 41 ff., Streibich, 2008, S. 35, Urschel (2010), S. 213 ff.

Eine fundamentale Unterscheidung ist hierbei die sozioökonomische Darstellung des Anbieters: Dies heißt, dass grundlegend erst einmal zu unterscheiden ist, ob die zu erstellende oder zu erwerbende Immobilie selbst genutzt bzw. betrieben wird oder ob sie verkauft werden soll.[111] Hiernach richtet sich komplett das weitere Vorgehen.

In diesem Zusammenhang sind auch die Immobilienunternehmen als wesentliche Akteure der Immobilienwirtschaft zu nennen. Unter dem Begriff der Immobilienunternehmen sind alle Arten von Unternehmen zusammengefasst, welche auf lange Frist Eigentum an Grundstücken oder grundstücksgleichen Rechten zum Zwecke der Vermietung erwerben. Dies sind vor allem Wohnungsunternehmen, offene und geschlossene Immobilienfonds, Immobilienaktiengesellschaften und Real Investment Trusts (REIT) sowie Immobilienleasinggesellschaften. Im weiteren Sinne gehören außerdem private Investoren, institutionelle Anleger wie z. B. auch Versicherungen mit einem Multi-Asset-Portfolio und Pensionskassen sowie sonstige Unternehmen, welche Immobilien besitzen, zu dieser Gruppe.[112] Zu den originären Aufgaben der Immobilienunternehmen zählen die Vermietung, die Bewirtschaftung (Instandhaltung, Modernisierung, Facility Management) sowie das Portfoliomanagement (An- und Verkauf von Objekten).[113] Diese Aufgaben werden von den Immobilienunternehmen entweder selbst übernommen oder von entsprechenden Dienstleistern.[114] Hierzu sind auch Bereiche des Immobilienmarketing zu zählen.

Ebenso sind in diesem Zusammenhang die Akteursgruppe der „Nutzer“ zu sehen. Dies können sowohl private als auch gewerbliche Nutzer sein, die ein Gebäude entsprechend seiner Zweckbe-

[111] Vgl. Brauer, 2013, S. 41 ff.
[112] Vgl. Urschel, 2010, S. 222 f.
[113] Vgl. Urschel, 2010, S. 223.
[114] Vgl. Urschel, 2010, S. 223.

stimmung nutzen. Hierunter fallen auch die angesprochenen selbstnutzenden Eigentümer sowie die Mieter, wobei bei einem selbstnutzenden Eigentümer der Investor zusätzlich die Rolle des Nutzers dann innehat.[115]
An dieser Stelle muss zudem klar gesagt werden, dass Zielgruppen nicht gleichzusetzen mit Akteuren der Immobilienwirtschaft sind und vermischt werden dürfen. Jedoch gibt es hier inhaltliche Überschneidungen.

Wie bereits oben zu den Grundausrichtungen des Immobilienmanagements mit den drei Perspektiven angesprochen, existiert zudem auch nicht nur eine relevante Anspruchsgruppe, auf die fokussiert werden kann. Ebenso können sich im Laufe des Lebenszyklus der Immobilie die Zielgruppen ändern, z. B. wenn eine selbst betriebene Immobilie verkauft werden soll.

Eine weitere grundlegende Differenzierung der Zielgruppen ist die in direkte und indirekte Zielgruppen. Diese ist insbesondere für das operative Marketing im Rahmen der Kommunikationspolitik von großer Bedeutung.[116] Direkte Zielgruppen werden unmittelbar angesprochen, Immobilien zu kaufen, zu mieten oder zu betreiben (z. B. institutionelle Investoren, Hotelbetreiber, Betreiber von Seniorenanlagen, Eigennutzer, Kapitalanleger, Mieter, Käufer von Wohnungsanlagen usw.). Indirekte Zielgruppen sind diejenigen, die nicht die „Letztnachfrager“ sind, sondern die Meinungsbilder, die den Absatz an die Käufer und Mieter unterstützen (Absatzmittler, Genehmigungsbehörden, Medien, Interessensverbände, Architekten, Bürgerinitiativen, Handwerker, Banken, Beratungsunternehmen, Nachbarn usw.).[117]

[115] Vgl. Urschel, 2010, S. 224.
[116] Vgl. Ertle-Straub, 2013, S. 425.
[117] Vgl. Ertle-Straub, 2013, S. 426.

3 Eigenschaften von Marketingkonzepten im Hotelimmobilienbereich

Ziel dieses Abschnitts ist es, einen Überblick zu erhalten, wie im Touristikimmobilienbereich Marketingkonzepte gestaltet und umgesetzt werden.
Hierfür wird zunächst auf die Besonderheiten dieser Immobilientypen und deren Merkmale eingegangen. Als zweiter Schritt wird für die Ausführungen zu den Marketingkonzepten das Themengebiet auf die Hotelimmobilie eingegrenzt, da die angesprochene Vielfalt im Rahmen dieser Arbeit nicht vollumfänglich bearbeitbar ist und zu viele Unterschiede existieren. Hieran knüpft im nächsten Kapitel auch die fiktive Fallstudie an.

Wie in den Grundlagen, speziell im Abschnitt 2.3 (siehe v. a. Abbildung 6) ersichtlich, bilden Marketingkonzepte das „Herzstück" des gesamten Planungsprozesses sowie die Grundlage für die weitere Ausgestaltung der Marketingmaßen und die sich hieran anschließende Vorgehensweise. Die große Bedeutung und Notwendigkeit von Marketingkonzepten innerhalb des Immobilienmarketings erschließt sich durch die nachfolgenden Erläuterungen insbesondere für die Touristikbranche, anhand derer sehr anschaulich wird, dass aufgrund der sehr speziellen Marktsituationen, der Marktstrukturen und der großen Besonderheiten in den Eigenschaften der Immobilie ohne ein gezieltes Marketingkonzept die Erfolgsaussichten verschwindend gering sind.
Die bestehenden Charakteristika der Marketingkonzepte im Bereich der Hotelimmobilie werden anhand ermittelter Primär- und Sekundärdaten dargelegt.

3.1 Die Einordnung der Hotelimmobilie als Sonderform

In diesem Abschnitt wird sich nachfolgend schrittweise der Hotelimmobilie genähert, indem zunächst auf die Immobilie allgemein eingegangen wird, um anhand einer Typologisierung und den Immobilienmarktstrukturen diese schließlich als eine Sonderform der Immobilie kennzeichnen zu können.

3.1.1 Das Wirtschaftsgut „Immobilie"

Bevor eine Unterscheidung verschiedener Immobilientypen getroffen wird, ist eingangs das Wirtschaftsgut „Immobilie" mit seinen allgemeinen Eigenschaften kurz zu erläutern. Dieser „Exkurs" an dieser Stelle ist notwendig, um eine Abgrenzung der Hotelimmobilie leichter vornehmen zu können. Ebenfalls liefern die besonderen Charakteristika allein schon die Legitimation von Marketingkonzepten im Immobilienmanagement.

Trotz uneinheitlicher Auseinandersetzung mit der Thematik „Immobilie" weist diese doch spezifische Charakteristika auf, welche eine gesonderte wissenschaftliche Betrachtung im Rahmen eines interdisziplinären Ansatzes mittlerweile voll rechtfertigen (siehe oben) und wie sie sich in den letzten Jahren auch etabliert hat.[118]

Immobilien unterscheiden sich grundsätzlich von anderen, insbesondere beweglichen Gütern.[119] Aus der klassischen Sicht sind Charakteristika einer Immobilie dabei v. a. die Folgenden:[120,121]

- Immobilität: Die Immobilität bzw. die Standortgebundenheit ist das zentrale physische als auch ökonomische Charakteristikum der Immobilie. Die Lage bestimmt neben den

[118] Vgl. Schulte et al., 2007, S. 22 f.
[119] Vgl. Bone-Winkel et al., 2008, S. 16 ff.
[120] Vgl. Schulte et al., 2007, S. 23 ff.
[121] Vgl. Brauer, 2013, S. 10 ff.

Nutzungsmöglichkeiten – wie angesprochen – demzufolge vor allem auch den ökonomischen Wert von ihr. Diese wirtschaftlichen Identität von Grundstück und Gebäude wird aufgrund der Standortgebundenheit auch durch die Abhängigkeit von benachbarten Nutzungen bestimmt, was eine Auseinandersetzung und Abstimmung mit angrenzenden Investoren, Eigentümern und Entwicklern notwendig macht.

- Heterogenität und Einmaligkeit: Da jeder Standort einzigartig ist, kann es grundsätzlich keine zwei vollkommen gleichen Immobilien geben; Unterschiede in Architektur, Ausgestaltung und Nutzung differenzieren jedes Gebäude von jedem anderen, so dass jede Immobilie ein einzigartiges, individuelles und autonomes Wirtschaftsgut darstellt. Demzufolge ist jede am Markt befindliche Immobilie ein Unikat.
- Dauer des Entwicklungs- und Produktionsprozesses: Im Vergleich zu den meisten anderen Wirtschaftsgütern weist der Entwicklungsprozess einer Immobilie von der Projektidee bis hin zur Baufertigstellung regelmäßig eine wesentlich höhere Dauer auf. Jedoch dürfen aus ökonomischen Gesichtspunkten die Entwicklungs- und Bauphasen nicht beliebig ausgedehnt werden, da zukünftige Marktveränderungen auftreten können und Reaktionsfähigkeit und Anpassungsflexibilität des Immobilienangebots mehr oder weniger träge sind (aufgrund der geringen Angebotselastizität).
- Höhe des Investitionsvolumens: Die Höhe und auch die Dauerhaftigkeit des notwendigen Investitionsvolumens stellt eine entscheidende Zugangsbarriere für potenzielle Immobilieninvestoren dar. Diese Barriere kann durch indirekte Anlageformen gegebenenfalls gemildert werden. Die

Kapitalbindung ist beim Endinvestor, d. h. derjenige, der die Immobilie zum Zwecke dauerhafter Vermietung oder Eigennutzung im Bestand hält, dabei wesentlich größer als beim so genannten Zwischeninvestors, d. h. derjenige, der zwischenzeitlich in die Immobilie investiert zum Zwecke des Verkaufs. Dennoch trägt auch dieser das Risiko einer veränderten Marktlage.

- Höhe der Transaktionskosten: Im Rahmen der Immobilientransaktionen fallen teilweise erhebliche Transaktionen an: Direkte Zahlungen wie z. B. Gewerbesteuer, Notargebühren, aber auch Informations- und Suchkosten im Rahmen der vorzunehmenden Analysen aufgrund der Marktintransparenz. Indirekte Transaktionskosten betreffen die indirekten Investitionen in Immobilien, z. B. Vermittlungs- und Bewertungskosten bei Immobilienfonds.
- Länge des Lebenszyklus: Wie oben bereits ausführlich angesprochen, spielt bei diesem Wirtschaftsgut der Lebenszyklus eine große Rolle. Immobilien gehören mit zu den langlebigsten Wirtschaftsgütern.
- begrenzte Substituierbarkeit: Ebenfalls schon angesprochen wurde, dass Immobilien von den Nutzern nur in äußerst geringem Maße durch andere Wirtschaftsgüter aufgrund ihrer Einzigartigkeit substituiert werden können. Der grundlegende Bedarf an Raum lässt sich zwar in zeitlicher und vor allem auch in qualitativer Hinsicht begrenzt aufschieben, jedoch im Normalfall nicht dauerhaft durch andere Güter grundlegend ersetzen.

3.1.2 Typologisierung der Immobilienarten

Gemäß des Rahmengerüsts der Immobilienökonomie (siehe Abbildung 1) bilden typologische Aspekte eine der beiden Säulen.[122] Die hier enthaltene Einteilung dient der Identifikation der unterschiedlichen Immobilienarten. Dies trägt der umfassenden Betrachtung der Immobilienökonomie Rechnung, die alle Immobilienarten umschließt. Gleichzeitig werden durch diese Einteilung annähernd homogene Immobiliengruppen gebildet, welche die speziellen Eigenschaften und Anforderungen der einzelnen Typen berücksichtigen lassen.[123]

Die nachfolgende Abbildung zeigt diese Typologisierung nach Immobilienarten (siehe Abbildung 8):

[122] Vgl. Schulte/Schäfers, 2008, S. 58.

[123] Vgl. Walzel, 2008, S. 119.

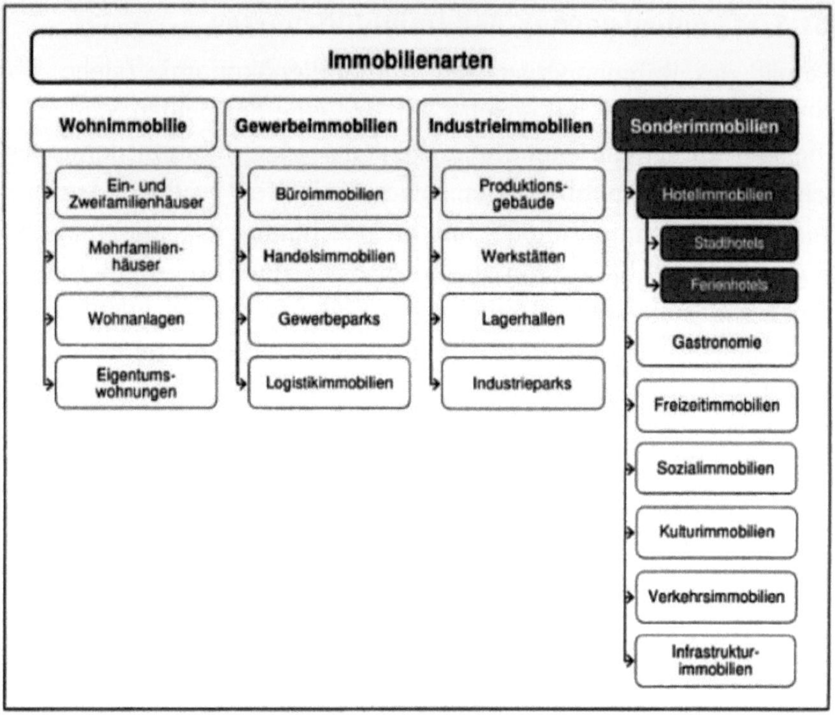

Abb. 8: *Typologisierung nach Immobilienarten*
Quelle: *Walzel, 2008, S. 120.*

Hiernach ist die grundlegende Unterscheidung in die vier großen Gruppen „Wohnimmobilie", „Gewerbeimmobilie", „Industrieimmobilie" und „Sonderimmobilie" zu entnehmen. Diese vier grundlegenden Immobilienarten werden aufgrund bestimmter Einteilungskriterien gebildet, v. a. nach ihrer Funktion.[124] Jede dieser Hauptgruppen umfasst weiter ausdifferenzierte Immobilientypen. Die einzelnen Gruppen sind nahezu selbsterklärend; so werden diejenigen Immobilien den Wohnimmobilien z. B. zugerechnet, die primär eine Wohnfunktion erfüllen. Gewerbeimmobilien sind

124 Vgl. Schulte et al., 2007, S. 30.

hingegen solche, in denen die Nutzer erwerbswirtschaftliche Zwecke verfolgen, wie bspw. Büroimmobilien. Zur Gruppe der Industrieimmobilien gehören sämtliche Immobilien, die in erster Linie Fertigungszwecken dienen.[125]

Vielmehr wird sich jedoch an dieser Stelle auf die Sonderimmobilien (auch als Spezialimmobilien) konzentriert. Hier sind v. a. auch die Hotelimmobilien angesiedelt.[126] Aber auch Gastronomiebetriebe, Freizeitimmobilien wie Vergnügungsparks, Theater, Kinos etc., aber auch Verkehrs- und Infrastrukturimmobilien wie Flughäfen, Bahnhöfe, Tank- und Rastanlagen und Autohöfe, Brücken, Tunnel, Kraftwerke, Kläranlagen und Sozialimmobilien wie Seniorenresidenzen, Kliniken, Gesundheitshäuser und Rehaeinrichtugnen werden alle unter dem Begriff der Sonderimmobilie zusammengefasst.[127] Sonderimmobilien lassen sich von den anderen Gruppen dadurch kennzeichnen, dass sie einer äußerst spezifischen aber nicht industriellen Nutzung dienen.[128] Sie haben eine geringe Drittverwendungsfähigkeit, die aus den nutzungsspezifischen Anforderungen resultiert, welche bereits bei der Konzeption und Planung dieser Immobilien zu berücksichtigen sind.[129] Demzufolge sind Sonderimmobilien üblicherweise „maßgeschneidert“ auf ihre zukünftige Verwendung; eine Umnutzung erzeugt im Regelfall sehr hohe so genannte „Sunk Costs“.[130] Sonderimmobilien haben oftmals das Potenzial für höhere Erträge aufgrund ihrer hohen Spezialisierung, sind dadurch aber risikobehafteter als klassische Wohn- oder Gewerbeimmobilien.[131] Weiterhin wird für diese

[125] Vgl. Schulte et al., 2007, S. 30 f.
[126] Vgl. Schulte et al., 2007, S. 30.
[127] Vgl. Walzel, 2008, S. 137.
[128] Vgl. Walzel, 2008, S. 137.
[129] Vgl. Schulte et al., 2007, S. 31.
[130] Vgl. Walzel, 2008, S. 137.
[131] Vgl. Walzel, 2008, S. 137.

Gruppe von Immobilien in der Immobilienwirtschaft eine Unterscheidung zwischen Betreiber- und Managementimmobilie vorgenommen:[132] Bei Betreiberimmobilien liegt das Management des Objekts in den Händen eines bestimmten Betreibers, dessen Geschäftstätigkeit überwiegend von der Nutzenziehung aus der Immobilie geprägt ist, der aber in der Regel nicht über das Eigentum verfügt. Ein typisches Beispiel ist hier das gepachtete Hotel, bei dem das Gebäude aus Sicht des Betreibers ein reiner Produktionsfaktor ist, da seine eigentliche Leistung das Erzeugen von Zusatznutzen ist. Ein weiteres Beispiel sind typischerweise auch Senioreneinrichtungen.[133] Von Managementimmobilien wird dann gesprochen, wenn unterschiedliche Betreiber zeitgleich akquiriert bzw. koordiniert werden müssen. Ein prägnantes Beispiel ist hier das Shopping Center. Hier sind die dort ansässigen Einzelhändler die Betreiber, die Kunden deren Nutzer. Die einzelnen Betreiber müssen jedoch selbst durch ein geeignetes Management koordiniert werden, wodurch ein zusätzliches Risiko (das Qualitätsrisiko) für den Investor bzw. Eigentümer besteht.[134]
Bei den hier weiter zu betrachtenden Hotelimmobilien wird in der klassischen Literatur anhand des Betreiberkonzepts grundsätzlich zwischen zwei Typen unterschieden: Zu den Stadthotels sind hiernach solche Objekte zu zählen, die hauptsächlich auf die Unterkunftsbereitstellung ausgerichtet sind, während Ferienhotels neben der Unterkunft eine besondere Freizeitgestaltung für den Gast als zusätzliche Dienstleistung vorhalten.[135]
Dabei lässt sich in diesem Zusammenhang eine grundlegende Definition des Begriffs „Hotels“ wie folgt geben, um eine Abgrenzung zu anderen Sonderimmobilien zu erhalten: „Ein Hotel ist ein

[132] Vgl. Walzel, 2008, S. 138.
[133] Vgl. Schulte et al., 2007, S. 31.
[134] Vgl. Walzel, 2008, S. 138.
[135] Vgl. Schulte et al., 2007, S. 32.

Beherbergungsbetrieb mit gehobenem Ausstattungs- und Bedienungskomfort, der – gewöhnlich in einem größeren, repräsentativen Gebäude – gewerblich Logis, Verpflegung und sonstige Dienstleistungen für den vorübergehenden Aufenthalt auf Reisen befindlicher Ortsfremder zur Verfügung stellt."[136] Hierzu kann es natürlich zu Ausnahmen kommen. Dennoch gibt diese Aussage grundlegend darüber Aufschluss, dass die Hotellerie als so genanntes Gastgewerbe zur Dienstleistungsbranche der Tourismuswirtschaft gehört und einen wesentlichen Bestandteil dessen darstellt.[137] Entscheidendes Charakteristikum des Hotelbetriebs – auch im Hinblick auf seine Erfolgsbeurteilung – ist, dass die immaterielle Hauptdienstleistung, das Angebot der Übernachtungskapazität, eine Nichtlagerfähigkeit aufweist.[138] Diesen zeitlichen Bezug im Sinne einer Vermietung bzw. Leerstands teilt die Hotelimmobilie im Wesentlichen mit allen anderen Immobilien.

Die Tourismusbranche ist wiederum als ein Teil der gesamten Freizeitwirtschaft einzuordnen.[139] Neben der Hotelimmobilie zählen weitere Sonderimmobilien zu den Immobilien im Bereich Tourismus, z. B. Kureinrichtungen (siehe weiter unten). Generell sind zur Tourismusbranche alle Immobilien zu rechnen, die im Zusammenhang mit der Leistungserbringung im Rahmen der Tourismuswirtschaft stehen.[140] Sie sind ein wesentlicher Bestandteil der notwendigen Infrastruktur für den Tourismus.[141] Eine präzise Abgrenzung ist jedoch sehr schwierig.

---

[136] Bletschacher, 1994, S. 59.
[137] Vgl. Henschel, 2008, S. 4.
[138] Vgl. Gewald, 2001, S. 4.
[139] Vgl. Bär, 2006, S. 11.
[140] Vgl. Freyer, 2001, S. 4 ff.
[141] Vgl. Gardini, 2004, S. 29.

Auf Basis der Eigenschaften der Betreiberimmobilie von der Hotelimmobilie wird zudem ferner von unterschiedlichen Interessen zwischen dem Hotelbetreiber und dem Eigentümer der Immobilie ausgegangen (außer Eigentümer und Betreiber sind identisch; allerdings wird klassisch grundlegend eine Teilung von Anlagevermögen und dem Management unterstellt[142]).[143] Beide haben eine Gewinnerzielungsabsicht, jedoch strebt der Immobilieneigentümer in der Regel eine gesicherte Rendite an, während der Hotelbetreiber sich daneben auch als Marke und Dienstleister an dem jeweiligen Standort positionieren will, um dadurch dauerhaft die Rendite als einzelnes Hotel oder auch in Verbindung mit anderen als Teil einer Hotelgruppe oder -kette zu sichern.[144] Demzufolge zeichnet sich die Sonderimmobilie „Hotel“ durch besondere rentabilitäts- und wertschöpfende Kennziffern, Erfolgsfaktoren wie Preisgestaltung und Kostenstrukturen und einem besonderen Risikomanagement gegenüber den anderen Sonderimmobilien aus.[145]

3.1.3 Teilmärkte der Touristikimmobilienbranche

Die zuvor erläuterten spezifischen Charakteristika der Immobilie im Allgemeinen und der Hotelimmobilie im Besonderen führen zu bestimmten Eigenschaften der jeweiligen Immobilienmärkte. Dies sind: die angesprochene geringe Markttransparenz, die Abhängigkeit von volkswirtschaftlichen Entwicklungen und Entwicklungen einzelner relevanter Wirtschaftszweige, welche die Nachfrage beeinflussen, die geringe Anpassungselastizität an Marktveränderungen aufgrund der angesprochenen hohen Dauer des Entwicklungs- und Erstellungsprozesses, weshalb eine kurzfristige Ausweitung des Angebots meist unmöglich ist, die Zyklizität der Immobilien-

[142] Vgl. Nagel, 1993, S. 65 f.
[143] Vgl. Buer, 2007, S. 39.
[144] Vgl. Buer, 2007, S. 39 f.
[145] Vgl. Buer, 2007, S. 40.

märkte und auch das Vorhandensein von räumlichen und sachlichen Teilmärkten.[146] Damit ist der Immobilienmarkt ein stark unvollkommener Markt.[147]

Räumliche und sachliche Teilmärkte liegen darin begründet, dass für den Immobilienmarkt nicht nur ein einziger Markt existieren kann: Der Immobilienmarkt ist analog zur Abstraktion der Immobilie für die verschiedenartigen mit dem Grund und Boden verbundenen Gebäuden ebenfalls eine Abstraktion für die einzelnen Märkte, auf denen die verschiedenartigen Grundstücke mit oder ohne Gebäude und grundstücksgleichen Rechte (Wohnungs- und Teileigentum, Erbbaurecht) gehandelt werden.[148] Räumliche Teilmärkte ergeben sich aus Unterschieden in Angebot und Nachfrage in verschiedenen geografischen Regionen, Städten oder Stadtteilen.[149] Sachliche Teilmärkte sind anhand der gehandelten Nutzungsarten und Untergruppen von Nutzungsarten oder aber auch z. B. nach Vertragsarten zu unterscheiden (bspw. Käufer- vs. Mieter-/Pächtermarkt).[150]
Die allgemeine Teilmarktstruktur des Immobilienmarktes resultiert demzufolge primär aus den Charaktermerkmalen „Standortgebundenheit“ und „Heterogenität“. Aus der Standortgebundenheit resultieren auf der ersten Ebene die regionalen Teilmärkte; diese gliedern sich auf der nächsten Ebene in sachlicher Hinsicht.[151]
Die nachfolgende Abbildung (siehe Abbildung 9 auf der folgenden Seite) zeigt schematisch diese Gliederung für diese beiden Betrachtungsebenen.

---

[146] Vgl. Bone-Winkel et al., 2008, S. 21 ff.
[147] Vgl. Brauer, 2013, S. 13.
[148] Vgl. Brauer, 2013, S. 14.
[149] Vgl. Schulte et al., 2007, S. 31.
[150] Vgl. Brauer, 2013, S. 14.
[151] Vgl. Brauer, 2013, S. 14.

Hieran ist erkennbar, dass die Freizeit- und Touristikimmobilien incl. der Hotelimmobilien eine Untergruppe der Nutzungsart des Gewerbeimmobilienmarktes darstellen. Sind nur diese allein zu betrachten, kann auch eine Übersicht gewählt werden, wonach die verschiedenen Nutzungsarten nicht aufgeführt werden, sondern wo diese direkt unterhalb der verschiedenen regionalen Teilmärkte angesiedelt werden.

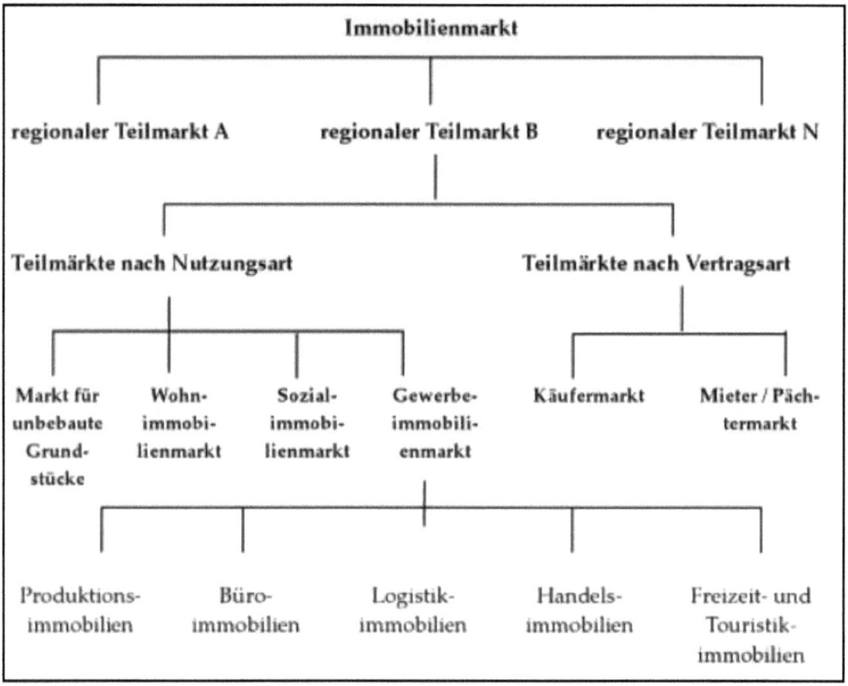

Abb. 9: *Teilmarktstruktur des Immobilienmarktes*
Quelle: *Brauer, 2013, S. 14.*

Zu den räumlichen Teilmärkten ist z. B. in Bezug auf den deutschen Raum die Besonderheit aufzuführen, dass hier aufgrund der föderalen Struktur keine alleinig dominierende Metropole existiert,

wie dies bspw. in Großbritannien oder auch in Frankreich mit London und Paris der Fall sind.[152] Die bedeutendsten räumlichen Teilmärkte auf Städteebene sind in Deutschland die Märkte Hamburg, Berlin, München, Frankfurt am Main und Düsseldorf, die allesamt regionale Besonderheiten aufweisen.[153] Eine weitere Aufsplittung erfolgt darüber hinaus innerstädtisch in bspw. Hafen- und Industriegebiete, Vorortbereiche und Stadtzentren etc.[154] Diese Charakteristika betreffen auch den Touristikimmobilienmarkt.
In sachlicher Hinsicht lässt sich für die Hotelimmobilie als Spezialform der Freizeit- und Touristikimmobilie zunächst festhalten, dass diese sich zum Teil sehr stark im Hinblick auf ihre Nutzung und Betriebsführung unterscheiden.[155] Insgesamt sind dem Teilmarkt der Freizeit- und Touristikimmobilien neben des Hotelimmobilien noch die Gebäude der gastronomischen Einrichtungen, sonstige Beherbergungsgebäude wie z. B. Ferienunterkünfte, Campingeinrichtungen, Schulungsheime und Jugendherbergen, Reha-Kliniken und andere Vorsorgekliniken zuzuordnen.[156]

Der Hotelimmobilienmarkt selbst ist als sehr heterogen anzusehen. Eine sinnvolle Einteilung ist eine Unterscheidung verschiedener Hotelbetriebstypen anhand bestimmter Schlüsselkriterien. Die nachfolgende Tabelle gibt einen beispielhaften Überblick über wesentliche Hotelbetriebstypen (siehe Tabelle 1):

---

[152] Vgl. Bone-Winkel et al., 2008, S. 21.
[153] Vgl. Schulte et al., 2007, S. 25.
[154] Vgl. Bone-Winkel et al., 2008, S. 22.
[155] Niemeyer, 2002, S. 802.
[156] Vgl. o.V., 2012, S. 8 f.

Qualität	Standort	Funktion / Zielgruppe	Ausstattung
Luxus	Cityhotel	Businesshotel	Vollhotel
First Class	Stadthotel	Passantenhotel	Hotel Garni
Mittelklasse	Flughafenhotel	Tagungshotel	Appartmenthotel
Economy	Landhotel	Ferienhotel	Suitenhotel
Budget	Strandhotel	Kurhotel	Boutiquehotel

***Tab. 1:** Überblick über Hotelbetriebstypen anhand ihrer Grundeigenschaften*
***Quelle:** in Anlehnung an: Niemeyer, 2002, S. 802.*

Analog der Einteilung nach dem Kriterium „Qualität“ ist die durchweg bekannte Hotelklassifizierung der „DEHOGA“ („Deutscher Hotel- und Gaststättenverband e. V.“) mittels der Vergabe der „Sterne-Kategorien“ zu sehen (z. B. „Drei-Sterne-Hotel“). Diese bezieht sich auf das Kriterium der Ausstattung.[157] Diese international gängige Einstufung ist allerdings nicht einheitlich, weshalb ein länderübergreifender Vergleich nicht zulässig ist.[158] Dennoch besitzt gerade die deutsche Hotelklassifizierung einen hohen, international anerkannten Standard.[159] Ebenfalls existiert von diesem Verband eine Einteilung anhand der mit dem Konzept zu erreichenden Zielgruppe. Dies geschieht in die folgende Segmente: „Geschäftsreisehotels“ (bzw. Business Hotels), „Tagungshotels“, „Städtetourismus“, „Ferienhotels / Saisonbetriebe“ und „Gesundheits- bzw. Wellnesshotels“.[160] Anzumerken ist hierzu, dass es nicht immer – wie auch in der Einstufung in der Tabelle – eine trennscharfe Abgrenzung und Einordnung gibt; ein Hotel ist oft

[157] Vgl. o.V., 2009, S. 81 ff.
[158] Vgl. o.V., 2009, S. 81 ff.
[159] Vgl. o.V., 2009, S. 81.
[160] Vgl. Schnerr/Heckel, 2002, S. 9 ff.

mehreren Typen gleichzeitig zuordnungsbar, wenngleich sich Schwerpunkte bestimmen lassen.

Eine weitere mögliche Untergliederung der Hotelimmobilie ist die Unterscheidung nach dem Vorschlag der TREUGAST Unternehmensberatung mbH nach dem Unternehmenstypen des Betreibers.[161] Hier werden anhand der signifikanten Kriterien „Standard" (dem Angebot des Hotels) und dem „Standardisierungsgrad" (die Fähigkeit, das Angebot in gleich bleibender Qualität zu erfüllen) Unternehmensgruppen gebildet, die eine ähnliche Wettbewerbsstrategie bilden (siehe Abbildung 10):

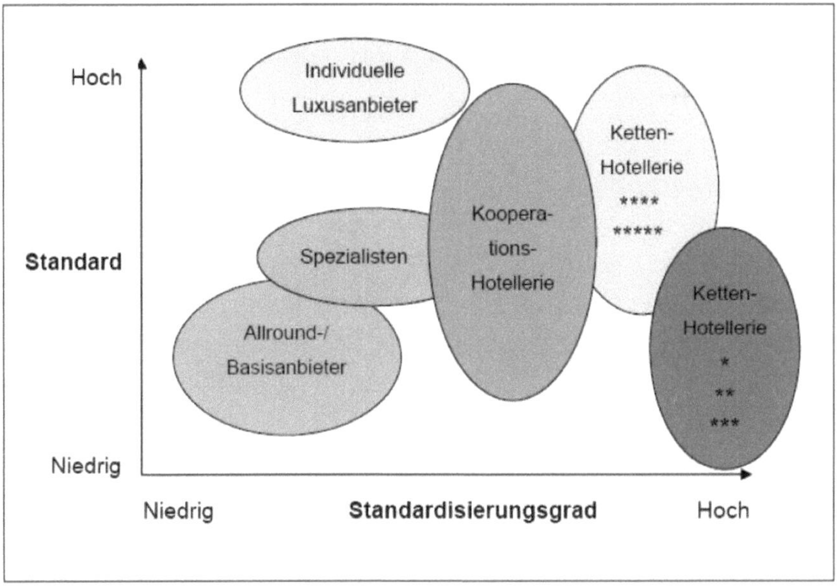

***Abb. 10:** Matrix zu Hotelunternehmensgruppen nach TREUGAST*
***Quelle:** in Anlehnung an: o.V., 2004, S. 9.*

[161] Vgl. o.V., 2004, S. 9.

Diese reicht von den „Allround- bzw. Basisanbietern“ mit niedrigem Standard und niedrigem Standardisierungsgrad bis hin zu unterschiedlichen Typen der Ketten-Hotellerie.

3.2 Marketingkonzeptgestaltungen für Hotelimmobilien

Nachfolgend wird auf die Ausgestaltung der Marketingkonzepte als Kern des strategischen Marketingplanungsprozesses eingegangen. Nach einigen allgemeinen Erläuterungen zum generellen Aufbau und zur Ausführung wird die derzeitig vorherrschende Vorgehensweise zur Erstellung von Marketingkonzepte speziell von Hotelimmobilien beleuchtet.

3.2.1 Allgemeine Bestandteile von Immobilienmarketingkonzeptionen

Marketingkonzepte sind das Ergebnis eines dynamischen Marketingplanungsprozesses, in das die ermittelten Sachverhalte zusammenfließen. Die Marketingkonzeption ist „…ein schlüssiger, ganzheitlicher Handlungsplan, der sich an angestrebten Zielen orientiert, für ihre Realisierung geeignete Strategien wählt und auf ihrer Grundlage die adäquaten Marketinginstrumente festlegt.“[162] Die Marketingkonzeption ist somit ein umfassender Entwurf, der auf der Leitidee des Unternehmens basiert.

Der Denkansatz der ganzheitlichen Betrachtung von Nachfragern, Unternehmen, Wettbewerbern, Absatzmittlern und sonstigen Einflüssen des Immobilienmarktes im Rahmen des strategischen Immobilienmarketing bildet dabei auch die Ausgangsbasis für die Erstellung geeigneter Immobilienmarketingkonzepte.[163] Immobilienunternehmen und Vermarkter von Immobilien zählen eindeutig zu den markt- und kundenorientierten Unternehmungen und kon-

---

[162] Becker, 2013, S. 5.

[163] Vgl. Käßer-Pawelka, 2001, S. 946.

zentrieren sich demzufolge vollständig auf die Erfüllung der Wünsche potenzieller Nachfrager ihres Leistungsangebots.

Die Marketingkonzeption besteht allgemein aus drei aufeinanderfolgenden, aber zugleich interdependenten Entscheidungsebenen, welche die so genannte „Konzeptionspyramide" bilden: Marketingziele, Marketingstrategien und Marketingmix.[164]
Die Festlegung von aus dem Unternehmenszweck, dem Unternehmensleitbild und den Unternehmenszielen abgeleiteten Marketingziele bilden die Grundlage zur Erstellung einer Marketingstrategie. Die Definition der Marketingziele ist unabdingbare Voraussetzung jeder Marketingstrategie; solange diese Ziele nicht bekannt sind, kann man sie auch nicht konzentriert verfolgen und umsetzen.[165] Ausgehend von der Einordnung des Marketings als Kernbestandteil der strategischen Unternehmensführung stellt die strategische Marketingplanung einen Bezugsrahmen für alle Unternehmensaktivitäten, da die Marketingziele die auf den Markt und den Kunden ausgerichteten Unternehmensziele repräsentieren.[166] Im Bereich des Immobilienmarketing sind grundlegende Zielstellungen hierbei sowohl die Vermarktung von Flächen und der Immobilie an Mieter und Käufer als auch die Vermarktung immobilienwirtschaftlicher Dienstleistungen.[167] Aufgabe der Marketingplanung ist es somit, durch eine geeignete Marketingstrategie die Immobilie und ihre Dienstleistungen im Markt zu entwickeln.[168]

---

[164] Vgl. Becker, 2013, S. 4.
[165] Vgl. Morell, 2005, S. 27.
[166] Vgl. Thommen/Achleitner, 2009, S. 135.
[167] Vgl. Pfnür, 2011, S. 399.
[168] Vgl. Ertle-Straub, 2013, S. 406.

Die Marketingstrategie beinhaltet mittel- bis langfristige grundsätzliche Festlegungen betreffend der Abläufe, Zuständigkeiten, Kommunikationswege, Zielgruppen etc.[169] Marketingstrategien sind hierbei als „Verhaltenspläne" anzusehen, die Entscheidungen bezüglich folgender Dimensionen enthalten: Wahl des Marktfeldes und Marktareals, Art und Umfang der Marktbearbeitung, Festlegung des primären Leistungsinhalts und das Verhalten gegenüber Absatzmittlern und Wettbewerbern.[170] Es wird demzufolge eine präzise Marktabgrenzung und Marktsegmentierung vorgenommen. Hierdurch kann eine differenzierte Marktbearbeitung festgelegt werden, indem entschieden wird, welche Zielgruppen wie bearbeitet werden und zudem, wann ein Verzicht sinnvoll sein kann.[171] Dies erlaubt auch, die angebotene Marktleistung speziell auf die Bedürfnisse einzelner Zielgruppen nochmals unterschiedlich durch den Einsatz geeigneter Marketingmaßnahmen auszugestalten.[172]

Zu den bevorzugten Strategiekonzepten in gesättigten Märkten zählt die Kombination aus Marktnischen- und Kostensenkungsstrategien. Diese Strategie scheint sich auch auf den Immobilienmärkten durchzusetzen.[173] Dabei gilt es vor allem, die Tendenzen der Massenproduktion und des Individualismus miteinander zu verbinden. Wettbewerbsvorteile entstehen, wenn die Marktnischen- und die Kostensenkungsstrategie kombiniert werden und gleichzeitig die Differenzierungsanforderung berücksichtigt wird.[174]

Generell wird von Methoden der Marketingstrategie mittlerweile gefordert, dass sie trotz ihrer vielschichtigen und sehr unterschied-

[169] Vgl. Becker, 2013, S. 61 ff.

[170] Vgl. Kirsch/Müllerschön, 1996, S. 65.

[171] Vgl. Bruhn, 2012, S. 58.

[172] Vgl. Meffert et al., 2008, S. 183.

[173] Vgl. Tamborini, 2010, S. 39.

[174] Vgl. Tamborini, 2010, S. 39.

lichen Ausprägungen sehr flexibel sein müssen und in der Lage sind, sich den rasch ändernden Marktverhältnissen unverzüglich und angemessen anpassen zu können.[175,176]

Nachdem die Marketingstrategie entwickelt wurde, folgt der operative Teil des Marketingkonzepts, indem durch den Einsatz geeigneter Marketinginstrumente – dem bekannten Marketingmix – die vorgegebenen Ziele und Strategien am Markt umgesetzt werden.[177]

Die richtige Wahl des Marketingkonzepts zeigt sich im Erfolg des Marketing im Sinne der Erreichung der anzustrebenden Ziele. Hierzu ist ein Marketingcontrolling notwendig, dass der Informationsversorgung des Marketingmanagements zum Zwecke der Steuerung und Koordinierung ihrer Aktivitäten dient.[178] Hierüber wird eine Messbarkeit des Marketingerfolgs versucht zu erreichen, indem die Marketing Performance bestimmt wird.[179] Diese setzt sich aus dem Grad der Zielerreichung (Effektivität), d. h. der Übereinstimmung zwischen der angestrebten Zielvorgabe und der tatsächlich erreichten Zielwirkung, einerseits und andererseits aus dem Verhältnis von Output zum Input (Effizienz) und damit der tatsächlich erreichten Ergebnisse zusammen.[180] Die Marketing Performance ist dann am größten, wenn zugleich eine sehr große Zielerreichung bei der Kundenzufriedenheit als Maß der Effektivität bei gleichzeitig möglichst niedrigen Marketingkosten als Ausdruck effizientem Marketingeinsatzes vorliegt (siehe Abbildung 11).[181]

---

[175] Vgl. Hopfgartner, 2003, S. 32 f.
[176] Vgl. Käßer-Pawelka, 2001, S. 949.
[177] Vgl. Becker, 2013, S. 485.
[178] Vgl. Bruhn, 2012, S. 292.
[179] Vgl. Bauer et al., 2006, S. 25.
[180] Vgl. Bauer et al., 2006, S. 22 ff.
[181] Vgl. Bauer et al., 2006, S. 25.

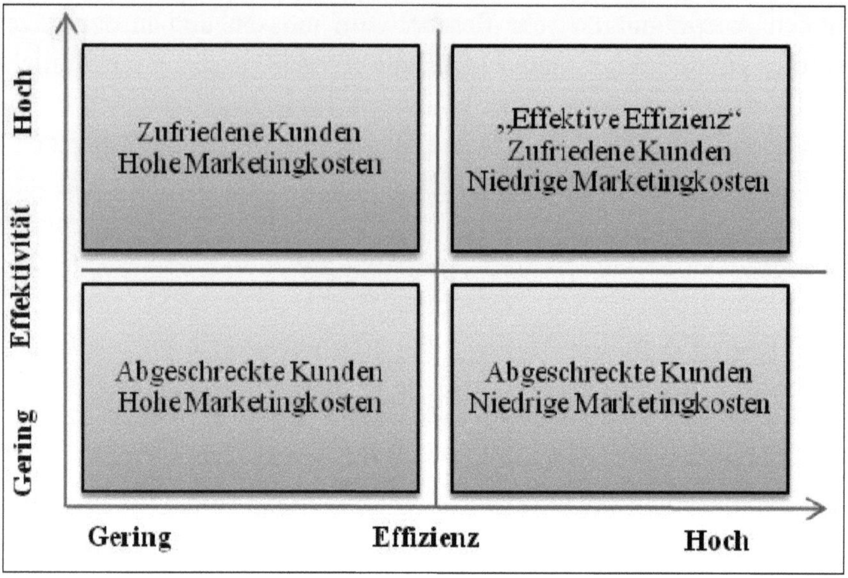

Abb. 11: *Die Dimensionen der Marketing Performance*
Quelle: *Hemmen, 2011, S. 21, in Anlehnung an: Bauer et al., 2006, S. 25.*

Ziel eines Unternehmens wird es demnach sein, gemessen an den eigenen Zielvorgaben, ein möglichst gut auf die richtigen Zielgruppen abgestimmtes Konzept mit optimaler Kosten-Nutzen-Relation zu entwickeln und umzusetzen.[182]

Gerade für die Vermarktung der Immobilien gilt aufgrund der aufgezeigten Restriktionen beim Wirtschaftsgut Immobilie und der restriktiven Rahmenbedingungen der Immobilienmärkte die Notwendigkeit nach hervorragend und treffgenau gestalteten Marketingkonzepten, um am Markt erfolgreich bestehen zu können.[183]

Um die angesprochenen Ziele des Immobilienmarketings zu erreichen, haben sich in der Praxis unter Berücksichtigung der aufgezeigten Perspektiven des Immobilienmanagements (vergleiche

---

[182] Vgl. Hemmen, 2011, S. 21.
[183] Vgl. Ertle-Straub, 2013, S. 411 ff.

Abschnitt 2.2, S. 11 ff.) drei Stoßrichtungen des Immobilienmarketings herausgebildet (siehe Abbildung 12):

Abb. 12: *Stoßrichtungen des Immobilienmarketings*
Quelle: *Pfnür, 2011, S. 400.*

Im Transaktionsorientierten Immobilienmarketing wird das Immobilienobjekt als Produkt verstanden, für welches es einen Käufer oder einen Mieter bzw. Pächter zu finden gilt.[184] Ziel des Immobilienmarketings ist es nach diesem Grundverständnis, Unternehmenserfolg in diesen Transaktionsprozessen zu erzielen, indem eine erfolgreiche Vermarktung des Produkts erreicht wird. Dies ist der klassische und in der Praxis zugleich am weitest verbreitete Ansatz im Immobilienmarketing.[185] Das auf den Mieter oder Pächter als Kunden ausgerichtete Immobilienmarketing sieht im Fokus die Entwicklung und Gestaltung von Kundenbeziehungen zu den Mietern/Pächter, aber auch zu Käufern, um so nachhaltige Erfolgspotenziale im Sinne eines „Customer Equity" zu generieren.[186] Bei dieser Betrachtungsweise stehen nicht mehr Nutzungskonzepte, Gestaltung der Gebäude und Grundstücke im Mittelpunkt, sondern vielmehr gleichsam zufriedene und für das Unter-

[184] Vgl. Pfnür, 2011, S. 400.
[185] Vgl. Pfnür, 2011, S. 400.
[186] Vgl. Pfnür, 2011, S. 399.

nehmen wertvolle Kunden.[187] Im Grundverständnis der unternehmensbezogenen Marketingkommunikation des Immobilienmarketing steht das Immobilienunternehmen selbst im Mittelpunkt. Dies unterscheidet sich im Ansatz jedoch kaum vom klassischen unternehmensbezogenen allgemeinen Marketing.[188]

3.2.2 Derzeitige Ausprägungen von Marketingkonzepten für Hotelimmobilien

Wie die bisherigen Ausführungen zeigen, gibt es sehr unterschiedliche Vermarktungsanlässe im Bereich der Hotelimmobilien, was die Darlegung bestimmter Ausprägungen von zu diesen Zwecken gestalteten und existenten Marketingkonzepten sehr erschwert.
Es ist zunächst generell anzumerken, dass als wesentliches Merkmal der Entwicklung in der (deutschen) Hotellerie sich die angesprochene Entkoppelung von Eigentum und Betrieb durch die Teilung von der Immobilie als Anlagevermögen und dem Hotelbetrieb in den letzten Jahren verstärkt fortgesetzt hat.[189] Somit ist die Hotelimmobilie immer stärker ein Investitionsobjekt unterschiedlicher Kapitalanleger; die Investmentmentalität auf dem Hotelmarkt wächst weiterhin.[190] Waren in der Vergangenheit Eigentum und Miet- und Pachtverträge gängige Instrumente der Hotelgesellschaften, um ihr Wachstum voranzutreiben, verschiebt sich heutzutage der Fokus der Hotelgesellschaften hin zu einer reinen Kernfunktion des Hotelmanagements. Diese Entwicklungstendenz wird seit einigen Jahren auch als die „Trennung von bricks and brains" verstärkt thematisiert.[191]

[187] Vgl. Pfnür, 2011, S. 399.
[188] Vgl. Pfnür, 2011, S. 399.
[189] Vgl. Schulz, o. J., o. S.
[190] Vgl. Ollhoff, 2010, S. 6 ff.
[191] Vgl. Schulz, o. J., o. S.

Hierdurch sind die vorherrschenden Formen am Hotelmarkt neben dem Eigenbetrieb und dem Pachthotel auch immer mehr das Managementhotel, bei dem der Eigentümer der Hotelimmobilie einem Betreiber „nur“ die operative Leitung gegen die Bezahlung einer Gebühr (Management-Fee) im Sinne eines Managerlohns überträgt, und das Franchisehotel.[192] Vor allem die Franchiseverträge gewinnen immer mehr an Bedeutung. Hier stellt der Franchisegeber – oftmals ist dies eine Hotelkette – dem Franchisenehmer, dem Betreiber, seinen Markennamen, sein Betriebskonzept, sein Vertriebssystem und weitere operative Unterstützung gegen eine entsprechende Franchisegebühr, bestehend aus einem fixen und einem variablen, erfolgsabhängigen Anteil, zur Verfügung.[193,194] Anzumerken ist an dieser Stelle, dass gerade die Form der Kettenhotellerie in den letzten Jahren Marktzuwächse auf dem deutschen Hotelmarkt zu verzeichnen hat.[195]
Diese Entwicklungen im Betrieb der Hotelimmobilie führt insgesamt zu einer Trennung zwischen den Aufgaben Hotelplanung, Hotelfinanzierung und Hotelimmobilienverkauf oder der Immobilienbetreuung auf der Investorenstufe und der Ausübung des operativen Hotelgeschäfts auf der Betreiberstufe.[196] Ein wesentlicher Treiber für diese Entwicklung ist die Zunahme internationaler Hotelgesellschaften und deren Bedürfnis nach Risikoreduktion den einzelnen Standort betreffend sowie Spezialisierungsvorteile zu finden, indem sich Investoren und Betreiber jeweils auf ihre Kompetenzen konzentrieren.[197] Gleichzeitig ergibt sich aus Eigentümer- bzw. Investorensicht von Hotelimmobilien der Vorteil, dass

[192] Vgl. Schulz, o. J., o. S.
[193] Vgl. Hänssler, 2011, S. 70 ff.
[194] Vgl. Schultze, 1993, S. 71 ff.
[195] Vgl. Leibfried, 2014, o. S.
[196] Vgl. Schulz, o. J., o. S.
[197] Vgl. Schulz, o. J., o. S.

für diesen Typus der Immobilie im Gegensatz zu Investitionen in bspw. Gewerbe- oder Wohnimmobilien bei der Vermarktung in der Regel von einer langfristigen Nutzung des Mieters oder Pächters ausgegangen werden kann.[198] Dies bringt für die Immobilienmarketingaktivitäten Vereinfachungen mit sich und vor allem eine Risikoreduktion durch eine gewisse grundlegende Planungssicherheit der Einnahmen. Hiermit ist eine weitere Tendenz auf dem Hotelimmobilienmarkt angesprochen: Investoren und Eigentümer verhalten sich zunehmend risikoavers.[199] Hierein fällt die Beobachtung, dass die Inhaber der Hotelimmobilie dem Risikomanagement eine immer größere Beachtung schenken.[200,201]

Dennoch existiert in der Hotellerie auch weiterhin die Form des Eigenbetriebs – vor allem im Bereich der Individualhotels –, dessen Anteil zwar aufgrund der weiteren Zunahme der international ausgerichteten Kettenhotellerie weiter abnimmt, der aber trotzdem eine wichtige Rolle am Markt spielt und deshalb in der Gesamtdarstellung Aufmerksamkeit finden muss.[202]

Diese beschriebenen grundlegenden Entwicklungen in der Hotelimmobilieneigentümersicht führen zu grundlegenden Unterscheidungen von wesentlichen Richtungen der Marketingkonzepte für Hotelimmobilien:

Zum einen muss (weiterhin) der Eigenbetrieb gesehen werden, d. h. der Eigentümer erwirbt oder plant selbst seine Hotelimmobilie (mit Hilfe von Dienstleistern), um sie danach auch eigenständig zu betreiben. In diesem Fall ist eine Vermarktung aus Sicht des Immobilienmarketings darauf ausgerichtet, der sich mit dem Marketing des normalen Hotelbetriebsmanagements in weiten Bereichen

[198] Vgl. Schulz, o. J., o. S.
[199] Vgl. Glatte, 2014, S. 124 ff.
[200] Vgl. Buer, 2007, S. 52 ff.
[201] Vgl. Heinrich, 2006, S. 54 ff.
[202] Vgl. Schulz, o. J., o. S.

deckt: Teile der Immobilie (für gewöhnlich Zimmer oder Appartements, aber auch Tagungsräume, gastronomische Bereiche) werden in der Regel sehr kurzfristig an Reisende, Touristen und weitere Gäste vermietet, um deren Bedürfnisse nach Beherbergungs- und gastronomischen Dienstleistungen und mit diesen im Zusammenhang zu bringenden Dienstleistungen zu erfüllen.[203]
Solange dieser Eigenbetrieb existiert, konzentrieren sich die Marketingaktivitäten im Wesentlichen auf diese Vermietungsaufgaben am Markt. Dies schließt nicht aus, dass z. B. Kapitalgeber zur Finanzierung der Hotelimmobilie gebraucht werden. Dies kann auch im fortgesetzten Lebenszyklus der Immobilie der Fall sein. Dennoch werden in der Regel diese Kapitalgeber nicht Investoren in dem Sinne sein, dass sie (Mit-)Eigentümer an der Immobilie werden.
Zum anderen steht das Immobilienmarketing einerseits gemäß den vorherigen Ausführungen zur Teilung von Anlagevermögen und Betrieb vor der Aufgabe, einen geeigneten Mieter, Pächter, ein Management oder Franchisenehmer durch Vermarktung zu finden. Andererseits kommt es auch zu unterschiedlichen Zeitpunkten im Lebenszyklus der Immobilie zu der Vermarktungsaufgabe, einen oder mehrere Käufer für die Immobilie zu akquirieren. Dies kann das grundlegende Ziel bereits in der Planung eines Hotelimmobilienprojekts zu einem bestimmten Zeitpunkt sein oder es kann sich aber auch erst im Zeitverlauf durch eine veränderte Zielstellung des Eigentümers ergeben.

Wie diese Ausführungen zeigen, ist eine trennscharfe Abgrenzung nicht gegeben, so dass es oft zu einem gemeinsamen Auftreten verschiedener Vermarktungsaufgaben in der Praxis kommt. Beispielsweise übernimmt der Eigentümer gerade bei den Formen des

[203] Vgl. Hänssler, 2011, S. 11 ff.

Franchisehotels oder des Managementhotels auch Marketingaufgaben, die Auswirkungen auf den operativen Betrieb haben, da sie im Marketingkonzept festgelegt werden.

Zu beobachten ist im Zusammenhang mit dem Immobilienmarketing auf dem Hotelmarkt in der Praxis, dass dem Bereich des Market Research insbesondere vor der Investitionsentscheidung eine sehr hohe Bedeutung zugemessen wird und intensive Beachtung findet. Er spielt eine fundamentale Rolle für die spätere Vermarktung und das hiermit verbundene Marketingkonzept.[204]
Hotelinvestoren sind sich grundlegend bewusst, dass eine wirtschaftliche Rentabilität der Hotelimmobilie von einer marktgerechte Konzeption für einen Standort abhängt, die es nur dann gelingt zu entwickeln, wenn eine richtige Analyse aller Faktoren vorgenommen wird.[205] Auch hier ist wieder das Argument des Risikomanagements der Investoren und Eigentümer anzuführen. Dies wird im Wesentlichen durch die analytischen Aktivitäten gestützt.[206]
Die Vorgehensweise des Market Research kann als ganzheitlicher Ansatz aufgefasst werden: Die zu treffende Entscheidung für oder gegen eine Investition in das geplante Projekt richtet sich demzufolge nach der Einschätzung der Machbarkeit als Ergebnis eines umfassenden Market Researchs, in Abstimmung mit der grundsätzlich „angedachten“ Zielstellung des Investors.[207] Die Informationen im Rahmen des Market Research münden für gewöhnlich in ein betriebswirtschaftliches Flächenanforderungsprofil, welches in Bezug auf Flächeneffizienz und Funktionalität eine grundlegende Rentabilitätseinschätzung liefert, die wiederum die Basis für eine

[204] Vgl. Schulz, o. J., o. S.
[205] Vgl. Schulz, o. J., o. S.
[206] Vgl. Heinrich, 2006, S. 54 ff.
[207] Vgl. o.V.(2014d), o. S.

Investitionsentscheidung darstellt.[208] Hieran schließt sich eine Wirtschaftlichkeitsvorschau an, die detaillierter für die nächsten Jahre eine Planungsrechnung vornimmt.[209] Vor allem auch die Machbarkeitsstudie wird – in der Regel zusammen mit einem aussagekräftigen so genannten „Letter of Intent" einer Hotelgesellschaft – als Vermarktungsinstrument genutzt, um an Kapitalgeber und Investoren heranzutreten.[210]

Das nun zu entwickelnde Marketingkonzept wird in der Praxis sehr spezifisch für die geplante Verwendung der Hotelimmobilie erstellt.[211,212,213] Vor dem Hintergrund der detaillierten Informationen über Standort, Markt, Wettbewerb und potenzieller Nutzer wird eine erfolgversprechende Differenzierung und Positionierung des Produktkonzepts in den ausgewählten Markt- und Kundensegmenten und dem ausgewählten Standort angestrebt.[214] Dieses Gesamtkonzept, was in den beschriebenen Fällen mehr oder minder stark die Betriebsführungskonzeption mit einschließt, wird im Rahmen des Prozesses der Hotelimmobilienentwicklung festgelegt.[215] So ist bei der Ausgestaltung der Gesamtkonzeption, neben der Bestimmung des spezifischen Hoteltyps, auch die geplante Gebäudekonzeption ein ausschlaggebender Faktor bei der Entwicklung einer marktadäquaten Hotelimmobilie.[216] Dies zeigt deutlich auf, dass das Immobilienmarketing von Beginn an – be-

---

[208] Vgl. Schulz, o. J., o. S.
[209] Vgl. Schulz, o. J., o. S.
[210] Vgl. Mayer/Fidlschuster, 2007, S. 4.
[211] Vgl. Ertle-Straub, 2013, S. 414.
[212] Vgl. Käßer-Pawelka, 2001, S. 960 ff.
[213] Vgl. Schulz, o. J., o. S.
[214] Vgl. Schulz, o. J., o. S.
[215] Vgl. Schulz, o. J., o. S.
[216] Vgl. Schulz, o. J., o. S.

reits in der Planungsphase des Immobilienobjekts – eine große Rolle in der Praxis spielt, indem hier bereits Klarheit über das Marketingkonzept geschaffen wird. Dass das Gesamtkonzept bzw. das vorherige Market Research auch das Betriebsführungskonzept mit einschließt, hat auch den Grund, dass nicht allein nur aus den Zielen der Kapitalanleger vorbei an den spezifischen Bedürfnissen der potenziellen Nutzer entschieden werden darf, da sonst die langfristige Rentabilität des Objekts gefährdet wäre und somit der Gesamterfolg des Immobilienprojekt – egal, ob nun Verkauf oder Vermietung die Basis für das Konzept bilden.[217] Diese notwendige Vorgehensweise ist insbesondere heutzutage zu beobachten, da in vielen Bereichen der Hotelteilmärkte ein hoher Wettbewerbsdruck aufgrund immer gesättigterer Märkte existiert und ein Verdrängungswettbewerb vorliegt.[218] Dies liegt auch an der zunehmenden Internationalisierung, bei der immer mehr ausländische Hotelketten auf den jeweiligen Hotelmärkten immer stärker aktiv werden.[219] Zwar verzeichnen die Hotelmärkte weiterhin ein Wachstum, weshalb das Potenzial als noch nicht ausgeschöpft angesehen wird.[220] Dies ist aber nicht durchgängig der Fall und sorgt außerdem für eine weitere Wettbewerbsverschärfung. Limitierend auf das Wachstum wirken sich auch u. a. die begrenzte Anzahl geeigneter Standorte und Grundstücke aus, steigende Grundstückspreise in den potenziellen Gebieten, Baurestriktionen und die Vertragsart.[221] Demzufolge besitzen Marketingkonzepte, die allein aus den Ziele der Investoren abgeleitet sind, nur wenig Erfolgspotenzial. Interessant ist der mögliche Entwicklungstrend laut einer aktuellen Studie zu so genannten Mixed Use-Immobilien. Dabei können sich

[217] Vgl. Brade, 2001, S. 35.
[218] Vgl. o.V., 2014a, o. S.
[219] Vgl. Strauß, 2014a, o. S.
[220] Vgl. o.V., 2013b, o. S.
[221] Vgl. o.V., 2013b, o. S.

Hotelketten mehrheitlich eine Kombination aus Büro und Hotel vorstellen, während Hotelentwickler auf die Kombination von Immobilien zur gemischten Nutzung von entweder Einzelhandel und Hotel oder Wohnen und Hotel setzen.[222]

Weiterhin ist grundsätzlich anzuführen, dass die Vermarktungsaufgaben der Hotelimmobilien inklusive der Entwicklung geeigneter Konzepte oft mit Hilfe oder durch dritte Unternehmen betrieben werden. Ein Hotelimmobilienprojekt ist ein hochkomplexes Vorhaben. Deshalb wird je nach Zielstellung auf die Dienstleistungen von Marketingunternehmen zugegriffen. Dies kann aus immobilienökonomischer Sicht als eine Form des Outsourcing von Aufgaben angesehen werden. Diese Marketingspezialisten bieten als Dienstleistungen speziell auf den Einzelfall optimierte „innovative Marketingkonzepte“, welche sie durch ihre Kompetenzen und ihr Marktwissen ermöglichen, die den Investoren oder dem Immobilienunternehmen oft nicht zur Verfügung steht.[223] Dies bedeutet, dass sie Aufgaben übernehmen, welche die Hotelplanung beeinflussen bis hin zu betriebsbegleitenden Marketingaufgaben.[224] Somit können sie sowohl mit den Investoren als auch mit den Betreibern zusammenarbeiten.

Im Rahmen des Marketingkonzeptes wird zudem eine Vermarktung der Tourismus-Dienstleistungen nicht nur für jedes Objekt allein betrieben.
Zum einen existiert gerade im Rahmen der Ketten- und Markenhotellerie der Grundgedanke eines gemeinsamen Marktauftritts.[225],[226]

---

[222] Vgl. o.V., 2013b, o. S.
[223] Vgl. Schlag, 2007, S. 12.
[224] Vgl. Schlag, 2007, S. 12.
[225] Vgl. Leibfreid, 2014, o. S.
[226] Vgl. Schmude/Namberger, 2010, S. 32 f.

Zum anderen wird Marketing auch in Kooperation bzw. im Netzwerk mit anderen Tourismuseinrichtungen und -unternehmen betrieben (so genanntes kooperatives Marketing im Tourismus), um Kompetenzen zu bündeln und die Wettbewerbsposition zu stärken.[227,228,229] Dies kann auch übergeordnet auf Makroebene als Standortmarketing z. B. ganze Regionen betreffend über öffentliche Träger erfolgen, wonach sich die Marketingstrategie der Unternehmen in der Praxis richtet.[230] Die Beachtung des „übergeordneten" Standorts hilft zudem dem Immobilieneigentümer, den Lebenszyklus der touristischen Region ins Blickfeld mit aufzunehmen. Dies ist wichtig für das eigene Immobilienmarketingkonzept, da nicht nur der Mikrostandort einer Zyklidizität u. U. unterliegt, die völlig unterschiedlich ausfallen kann und von vielen Faktoren abhängt.[231]
Diese Formen der Zusammenarbeit – sei es auf völlig freier Basis oder zum Teil „erzwungen" – sind immer häufiger in der Hotellerie zu beobachten und müssen in der Vermarktung der Hotelimmobilie u. U. berücksichtigt werden. Gegebenenfalls sind sie, wie im Fall der Ketten- und/oder Markenhotellerie, sogar fixer Ausgangspunkt für das Marketingkonzept.
Ergänzend hierzu ist anzuführen, dass als ein Marketingkonzept auch der gezielte Aufbau einer Marke am Markt, ein Branding, verfolgt werden kann.[232],[233]

Ein großer Schwerpunkt im Rahmen des Marketingkonzeptes für Hotelimmobilien ist der Einsatz vielfältiger kommunikationspoliti-

[227] Vgl. Freyer, 2008, S. 26 ff.
[228] Vgl. Bär, 2006, S. 38 ff.
[229] Vgl. Schoof, 2005, S. 5 ff.
[230] Vgl. Freyer, 2008, S. 33 ff.
[231] Vgl. Bär, 2006, S. 116 ff.
[232] Vgl. Burmann et al., 2005, S. 10 ff.
[233] Vgl. Matar, 2014, S. 21 ff.

scher Instrumente zur Strategieumsetzung. Anzumerken ist hier, dass der Einsatz bzw. die konkrete Umsetzung in den operativen Bereich fällt, der nicht genauer betrachtet werden soll. Dennoch ist auch die geplante Strategieumsetzung Teil des gesamten Marketingkonzepts einer Immobilienvermarktung (wie oben aufgezeigt). An dieser Stelle soll deshalb erwähnt werden, dass gerade im Hotelimmobilienmarketing der Bereich der Kommunikationspolitik in derzeitigen Marketingkonzepten eine sehr wichtige Stellung einnimmt.[234,235,236] Eine zunehmend immer wichtigere Rolle liegt hierbei im Einsatz digitaler Kommunikationsmedien, v. a. das Internet, über diverse Plattformen.[237,238] Es ist demnach mittlerweile üblich, dass gerade Real Estate Marketingunternehmen ihre betreuten Projekte auf ihren Webseiten darstellen und unterstützend vermarkten. Ein Schlüsselbegriff in diesem Zusammenhang ist die „Investoren-Kommunikation" zur gezielten Investorensuche für ein Immobilienprojekt.[239] Hier wird Kommunikation als ein ganzheitlicher Prozess entlang des kompletten Immobilienmarketings aufgefasst, um in einem umkämpften Wettbewerb bestehen zu können. Dieser Kommunikationsprozess bildet den Schwerpunkt in der Vermarktungsstrategie.[240]

Zusammenfassend lassen sich für den derzeitigen Ausprägungsstand von Marketingkonzepten im Bereich der Hotelimmobilien folgende Schwerpunkte festhalten:

- Das weiter zunehmende „Auseinanderfallen" von Investoren/Eigentümer und Betreiber sorgt dafür, dass Immobi-

---

[234] Vgl. Matar, 2014, S. 48 ff.
[235] Vgl. Stojan, 2009, S. 104 ff.
[236] Vgl. Hoyer, S. 4 ff.
[237] Vgl. Hoyer, 2014, S. 5 ff.
[238] Vgl. Hess/Mann, 2009 S. 2 ff.
[239] Vgl. Kutzscher, o. J., S. 2.
[240] Vgl. Kutzscher, o. J., S. 3 ff.

lienmarketingkonzepte differenziert zu sehen sind; obwohl die Betreiberseite immer mehr Berücksichtigung findet, liegt der Schwerpunkt oft zugunsten der Ziele der Investoren/Eigentümer. Jedoch ist die Zunahme einer ganzheitlicheren Herangehensweise beobachtbar.

- Hotelimmobilienmarketingkonzepte sind sehr spezifisch ausgerichtet und basieren auf einem fundierten Market Research.
- Aufgrund steigender Risiken wegen des steigendem Wettbewerbsdrucks und der damit einhergehenden Gefahr des potenziellem Misserfolgs nehmen Aktivitäten im Bereich des Risikomanagements vor allem zur Entscheidung der Machbarkeit eines Hotelimmobilienprojekts zu.
- Marketingkonzepte werden nicht mehr ausschließlich isoliert von einzelnen Unternehmen nur betrieben. Neben der Kompetenzteilung bei der Marken- und der Kettenhotellerie, die Zuwächse erfahren, kommt es auch immer öfters zur Bildung von anderen Kooperationen und Zusammenarbeiten in horizontaler und vertikaler Richtung auf dem Hotelmarkt.

3.2.3 Ergebnisse der eigenen Studie im Bereich der Marketingkonzepte für Hotelimmobilien

Zur Untersuchung der Marketingkonzepte für Hotelimmobilien am deutschen Hotelmarkt wurde in Ergänzung eine eigene Primärstudie durchgeführt. Die Umfrage beinhaltete die Thematik „Erfolgsfaktoren von strategischen Marketingkonzepten von Touristikimmobilien“. Die Umfrage gliederte sich dabei in drei Bereiche mit insgesamt acht offenen Fragestellungen. Hier wurden Fragen in den Unterthemen „Marketingkonzepte allgemein“, „Das Marke-

tingkonzept als Schlüssel für den wirtschaftlichen Erfolg“ und „Zukünftige Bedeutung von Konzepten für die Touristikimmobilie“ gestellt.
Der komplette Fragebogen ist dem Anhang beigefügt.

Im Rahmen der Informationsgewinnung zu dieser Thematik wurden auf elektronischem Weg insgesamt 73 verschiedene Experten aus der Wissenschaft sowie Marketing- und Hotelunternehmen für eine schriftliche Befragung mittels des zuvor entworfenen Fragebogens kontaktiert und zur Meinungsäußerung eingeladen. Es wurde darauf hingewiesen, dass die hier gegebenen Antworten vertraulich und anonym behandelt werden und nur in aggregierter Form ausgewertet in diese wissenschaftliche Arbeit einfließen, um eventuelle sensible Unternehmensdaten zu schützen.
Von den insgesamt 73 angeschriebenen Personen und Unternehmen beantworteten sieben den Fragebogen in der Form, dass eine Auswertbarkeit und Verwendung der Informationen möglich war. Dies ist eine Rücklaufquote von 9,59 %, was ein relativ vernünftiges Ergebnis für eine derartige Form der Befragung darstellt. Eine große Schwierigkeit bestand dabei, geeignete Teilnehmer zu finden, die sich selbst als kompetent genug einschätzten, um diese Fragen umfänglich beantworten zu können. Dies war zumindest bei negativen Rückmeldungen der am häufigsten genannte Grund für eine Nichtteilnahme, den insgesamt sechs eingeladene Teilnehmer als Feedback angaben.

Im Folgenden werden die interessantesten und am häufig getroffenen Aussagen zu den einzelnen Fragen in deskriptiver Darstellungsform aufgeführt. Eine einheitliche Auswertung gestaltet sich aufgrund der offenen Fragestellungen nicht einfach und ist nur in qualitativer Form möglich.

Eine Einschätzung und Beurteilung erfolgt gemeinsam mit den zuvor eruierten Erkenntnissen im übernächsten Kapitel, nachdem die zukünftigen Herausforderungen ermittelt wurden. Anzumerken ist hierzu, dass die Befragung inhaltlich sowohl das in diesem Kapitel behandelte Teilthema betrifft, aber durch seinen dritten Fragekomplex auf den in Abschnitt 5.1 zu ermittelnden Inhalt abzielt und somit gewissermaßen als Verbindung dieser Themen zu sehen ist.

- **Themenbereich I: Marketingkonzepte allgemein**
  Unter diesem Themenpunkt wurden drei Fragen gestellt:
  1. Wann/in welcher Phase wird mit der Entwicklung des geeigneten Marketingkonzepts in Bezug auf Planung und Bau der Immobilie begonnen?
  Alle Teilnehmer gaben als Antworten, dass die Idee für eine Verwendung der Immobilie bereits ganz am Anfang existiert. Diese Idee wird im Rahmen der Planungsphase durch ein Market Research, bestehend aus der Standort- und Marktanalyse, der Zielgruppenanalyse und der Wettbewerbsanalyse, überprüft. Gegebenenfalls werden so auch Alternativen zur ursprünglichen Idee aufgeworfen. Diese Analyse endet folgerichtig mit der Machbarkeitsstudie des Projektvorhabens, durch die eine fundierte Entscheidung getroffen werden kann, ob die Idee umsetzbar ist. Dies gilt v. a. sowohl in technischer als auch in finanzieller Hinsicht. Die Analysen sind gleichzeitig die Grundlage für das zu entwickelnde Marketingkonzept, bestehend aus den Teilbereichen Marketingziele, Marketingstrategie und Marketingmaßnahmen.

  2. Welche Strategie liegt für gewöhnlich solchen Marketingkonzepten zugrunde: eher eine Orientierung am Le-

benszyklus der Touristikimmobilie oder an der Konkurrenz des Marktes - oder ein Strategiemix bzw. eine ganz andere Grundstrategie?

Diese Frage wurde uneinheitlich aufgefasst bzw. offensichtlich in einem anderen Sinne. So gaben die Antworten der Teilnehmer das Gesamtbild, dass davon ausgegangen wird, dass jedes Projekt ein neues Bauvorhaben ist, weshalb der Lebenszyklus noch nicht begonnen hat und sich demzufolge nicht daran orientiert wird.

Als Schwerpunkt einer auszugestaltenden Strategie wurde hauptsächlich die Konzentration auf den Standort und seine vorherrschenden Faktoren angegeben. Des Weiteren richtet sich die Strategie an den ermittelten Zielgruppen für den Standort aus. Somit gilt ein Bezug vom Standort zu den Quellgebieten der Zielgruppen. Als generelle Wettbewerbsstrategien wurden die klassischen nach Porter u. a. genannt (Kostenführerschaft, Differenzierung am Markt und Konzentration auf bestimmte Schwerpunkte). Es wurde im Speziellen auch die Strategie nach Mewes aufgeführt: die „Engpasskonzentrierte Strategie“. Sie ist für Tourismusimmobilien eine langfristig ideale Strategie nach der hier erhaltenen Antwort. Hier steht die Nutzenmaximierung bei den Kunden im Vordergrund. Ein Prinzip zur Erreichung hierbei ist die Spezialisierung des Unternehmens. Es ist zu berücksichtigen, wo die Stärken des Unternehmens liegen und worin das Unternehmen der größte Nutzenstifter ist.

Weitere Antworten beinhalteten ebenfalls, dass auf jeden Fall der Kunde bzw. die Zielgruppen und deren Ansprüche Basis der Strategie sein müssen.

3. Wie individuell und spezialisiert sind die jeweiligen Marketingkonzepte? Wie hoch ist der Grad der Individualität und der speziellen, einzigartigen Ausgestaltung des Konzepts, wie einzigartig ist dieses Konzept zu sehen?
Der Grad der Individualität leitet sich nach vielfacher Meinung aus dem beschlossenen Konzept ab. Unbestritten aber ist nach den Antworten, dass der Erfolg des Marketingkonzepts wesentlich von der Individualität abhängt. Es ist eine Einzigartigkeit zu erreichen, welche dann vorliegt, wenn dadurch die ermittelten Zielgruppen voll befriedigt und zufriedengestellt werden. Basis für das auszugestaltendes Marketingkonzept sind die Zielgruppen und somit ist jedes Konzept sehr individuell.
Weiterhin wurde genannt, dass sich das Marketingkonzept an der Corporate Identity als Herzstück des Unternehmens in Verbindung mit seinem Corporate Design orientiert und somit immer auch Einzigartigkeit hervorruft, da es sich auf das Unternehmen bezieht.
Als ein wesentlicher Schwerpunkt von Marketingkonzepten wurde mehrfach die auszugestaltende Kommunikation genannt

- **Themenbereich II: Das Marketingkonzept als Schlüssel für den wirtschaftlichen Erfolg**

  Hierzu wurden zwei Fragen an die Teilnehmer gerichtet:
  1. Was sind die derzeitigen Faktoren, die gegenwärtig die Entwicklung von Marketingkonzepten für Touristikimmobilien bestimmen? Welche Rolle spielen vor allem folgende Faktoren:
  - der Standort

- sowohl konkret lokal (Stadtviertel, Straße, ganz konkretes Umfeld etc.):
- als auch regional (regionaler Markt, touristische Ausprägungen der Region
etc.):

Der Standort wird generell als sehr wichtig bzw. als das entscheidende Kriterium eingestuft, der bestimmend für das Marketingkonzept ist. In Ergänzung wird aufgeführt, dass daneben das anzubietende Produkt, welches darauf abgestimmt ist, ebenso wichtig ist und den Standort sogar trägt. Ist das Produkt nicht den Kunden bekannt, so nützt der beste Standort nichts.

Weniger wurde auf die Unterscheidung zwischen lokalem und regionalem Standort eingegangen. Es wurde vereinzelt angegeben, dass beides bei der Konzeptentwicklung detailliert zu berücksichtigen ist.

Für den lokalen Standort wurde ergänzt, dass hierfür die Zielgruppenanalyse im Schwerpunkt durchgeführt wird und auf den lokalen Standort eine Untersuchung erfolgt, welcher Typ von Immobilie sich hier eignet und welche Kategorie von Tourismusimmobilie infrage kommt.

Weiterhin wurde ergänzt, dass gerade die Lage und Größe eines Bundeslands und auch einer Stadt wichtige Hinweise auf das Nachfragerverhalten zusätzlich liefern.

- der Wettbewerb in der Region:

Als uneinheitliches Antwortbild wurde hier geäußert, dass der Wettbewerb einerseits im Mittelpunkt der Untersuchung steht, was häufiger geantwortet wurde, und eine Abgrenzung zu Wettbewerbern erfolgen muss, andererseits wurde auch vereinzelt geantwortet, dass dieser Faktor ergänzend positiv zu berücksichtigen ist.

- der prognostizierte Lebenszyklus der touristischen Region:
Auch hier herrscht ein uneinheitliches Antwortbild. Dieses reicht davon, dass es für die langfristige Strategieentwicklung mit zu berücksichtigen ist, bis hin zur Auffassung, dass eine solche Untersuchung dieses Faktors kaum möglich ist bzw. dass jede Touristikregion sich bei entsprechender Identifikation entwickeln lässt, da jede Region durch potenzielle Zielgruppen eine gewisse Interessenslage besitzt.
- die Risikoeinschätzung allgemein:
Die Risikoeinschätzung besitzt allgemein einen hohen Stellenwert und ist fester Bestandteil der Analyse. Zum Teil wurde sie in den Bereich der mit den Projekten im Zusammenhang durchzuführenden SWOT-Analyse des Unternehmens verortet. Für die Investoren der anzustrebenden Projekte gilt eine Risikoanalyse als fundamental.
- die Rolle von Marken bzw. Image des Inhabers/Betreibers der Immobilie als Ausgleich anderer Faktoren und Nachteile:
Auch hier gibt es eine größere Bandbreite in den Aussagen. Diese reicht von der Antwort, dass die Entwicklung einer Marke ein wesentlicher Erfolgsfaktor ist, den es mit viel Aufmerksamkeit bei jeder Marketingmaßnahme zu berücksichtigen gilt, bis hin zur Auffassung, dass aus Sicht der Immobilie eher eine Kurzlebigkeit vorherrscht, was vor allem die Zugehörigkeit von Inhabern, Betreibern und somit auch von Marken betrifft, was ein Markenimage schwierig macht. Dies lässt eher keine Entscheidungstiefe zu, allenfalls eine aufmerksame Einbeziehung in die Entscheidungsfindung. Andererseits wurde wiederum die Meinung

vertreten, dass gerade eine Marke und ein positives Image des Inhabers/ Betreibers viele nachteilige Faktoren ausgleichen kann, was in der Praxis belegbar ist, da einige Tourismusimmobilien trotz Standortnachteilen oder was die Ausstattung und Zustand der Immobilie betrifft, keinen Erfolg haben dürften.

- rechtliche Aspekte:

Rechtliche Aspekte spielen den häufigeren Antworten nach eine eher untergeordnete Rolle, jedoch wurde wiederum sehr wohl auch in mehr als einer Antwort angegeben, dass diese Faktoren eine immer größer werdende Rolle einnehmen bei der Entwicklung von Tourismusimmobilien und somit einen gewissen Einfluss nehmen auf die Realisierung von Projekten. Hier wurden konkret Themenfelder wie Umweltschutz, Arbeitsschutz, Sicherheitsvorschriften und auch spezielle Gesetze aufgeführt.

- weitere Faktoren:

Als weitere Faktoren wurden vor allem Dienstleistungs- und Servicequalitäten angegeben sowie weitere individuelle markt- und branchenspezifische Erfolgsfaktoren, welche es zu bestimmen gilt für den jeweiligen Einzelfall. Wichtig sind nach den Antworten die Ermittlung von Alleinstellungsmerkmalen der Immobilie („USP“), die wesentlichen Einfluss auf das zu entwickelnde Marketingkonzept nehmen.

Als ein Faktor wurde auch das Onlinemarketing als Vermarktungsmaßnahme aufgeführt

2. Auf den zeitlichen Verlauf gesehen: Werden Marketingkonzepte oftmals grundlegend geändert? Falls ja, wieso?

Nach den Antworten werden Marketingkonzepte immer wieder auf ihre Stimmigkeit hin mittels Erfolgskontrollen überprüft. Grundlegende Änderungen oder ganze Neugestaltungen sind dabei sehr selten, aber Maßnahmenänderungen oder auch leichte Korrekturen im Konzept werden sehr wohl vorgenommen. Im Rahmen der Neuausrichtung von grundlegenden Unternehmensstrategien des beteiligten Unternehmens kann es zu einer grundsätzlichen Überarbeitung der Marketingkonzepte kommen.

- **Themenbereich III: Zukünftige Bedeutung von Konzepten für die Touristikimmobilie**
  Auf die Zukunft der Immobilienmarketingkonzepte im Bereich der Touristikimmobilien wurden zwei sehr offene Fragestellungen aufgeworfen:
  1. Inwieweit werden sich Marketingkonzepte weiter verändern, weg von der "klassischen" Orientierung der kürzeren Vergangenheit und der Gegenwart an den derzeitigen Schwerpunkten hin zu anderen zu berücksichtigen Faktoren, zum Beispiel "Flexibilität der Immobilie", "kürzer werdender Lebenszyklus der Immobilie", "kürzere Amortisationsdauern"?

  Nach den Angaben der Teilnehmern wäre eine Flexibilität im Sinne von veränderten Lebenszyklen der Immobilie wünschenswert, sie sind aber nicht die Regel. Die mögliche Flexibilität ist nach der Meinung der Teilnehmer stark von der Qualität von anfänglicher Planung und Bauausführung abhängig, jedoch ist eine Immobilie in ihrer Nutzung relativ stark spezialisiert, v. a. eine Hotelimmobilie.
  Branchenzyklen im Tourismus spielen aber zum Teil eine große Rolle. So können bspw. Hotelimmobilien auch in Wohnanlagen umfunktioniert werden, falls sich die gesamte Branchenausrichtung verändert.

Eine mögliche Umnutzung und eine Flexibilität ist nach Angabe der Befragten vor allem für die Investoren von sehr großer Bedeutung und würde sich auf die Finanzierungsmöglichkeiten der Immobilie auswirken. Solch eine Flexibilität ist aber nicht grundsätzlich der Regelfall, zumindest nicht eine größtmögliche, da es hier Rahmen gibt.
Dazu müssten dann auch die Marketingkonzepte entsprechend geändert werden, um zur Nutzung der Immobilie zu passen.
Weiterhin wurde angegeben, dass kürzere Amortisationsdauern zu erreichen, deutlich höhere Marketingaktivitäten erfordern.

2. Was sind weitere, besonders zu berücksichtigende Faktoren für die Zukunft Ihrer Meinung nach?
Hier wurden vor allem die folgenden Faktoren genannt: demografischer Wandel, der sich auch auf die Ausstattung der Immobilie eventuell auswirkt, verändertes Verhalten der Kunden (bspw. Reiseverhalten, Kundenwünsche, aber auch kürzere Verweildauern der Gäste, mehr individuelle Urlauber und Reisende, aktiveres Freizeitverhalten, höhere Ansprüche der Kunden allgemein), verbesserte Infrastruktur weltweit, was zu Kosteneinsparungen der Nutzer und größere Reichweiten führt, Globalisierungstrendzunahme.

Abschließend wurde noch die Möglichkeit gegeben, eigene Anmerkungen hinzuzufügen:
- Was ist in Bezug auf dieses Thema von ihrer Seite noch anzumerken?
Erwartungsgemäß wurden kaum ergänzende Antworten gegeben.

Es wurde geäußert, dass für die Analyse und Bestimmung von Marketingkonzepten von Bedeutung ist, die strategischen Erfolgsfaktoren zu ermitteln. Dies sind Faktoren, die den Unternehmenserfolg direkt beeinflussen. Ziel eines geeigneten Marketingkonzeptes muss es daher sein, diese Erfolgsfaktoren zu operationalisieren und zu vermarkten.
Erfolgsfaktoren lassen sich zudem hilfreich gliedern in generelle Erfolgsfaktoren (wie bspw. der Marktanteil), branchenspezifische und unternehmensspezifische Erfolgsfaktoren.
Nach einer weiteren Teilnehmermeinung ist weiterhin zu beachten, dass sich Hotelkonzepte sehr stark von Konzepten für andere Freizeitimmobilien unterscheiden; wie die einzelnen Immobilientypen der Tourismusbranche generell als sehr speziell anzusehen sind.

4 Fallstudie „Stadthotel im Wandel der Zeit"

Zur Unterstützung der Herbeiführung und Ermittlung geeigneter Lösungsansätze im nächsten Abschnitt wird auf Basis der bis hierhin eruierten Informationen ein fiktive Fallstudie aufgeworfen, um die Erkenntnisse besser überprüfbar zu machen.
Dabei werden wesentliche Fragestellungen und Anforderungen an eine Hotelimmobilie durch die Berücksichtigung zukünftiger Herausforderungen, welche im nächsten Kapitel ausgeführt werden, anhand dieses Fallbeispiels angewendet, um aufzuzeigen, inwie-

weit die am Markt bestehenden Praktiken diese bewältigen können.

Zu diesem Zweck wird nachfolgend als Einleitung für die Ausführungen des nächsten Kapitels eine Fallstudie derart konstruiert, die als Vertreter eines typischen Hotelimmobilienprojektvorhabens auf dem deutschen Hotelmarkt angesehen werden kann.
Hierzu gilt es einleitend in sehr knapper Form auf einige Charakteristika dieses Marktes kurz einzugehen, um die Kriterien dieses fiktiven Vorhabens zu untermauern.
Im Anschluss wird die hiermit verknüpfte Aufgabenstellung aufgeworfen.

4.1 Beschreibung der Ausgangslage

Wenn es sich auf dem deutschen Hotelmarkt zwar in vielen Teilmärkten und Regionen oftmals in Richtung gesättigtere Märkte entwickelt, so hat doch die Gesamtbranche weiter Umsatzzuwächse, die im Jahresvergleich der letzten Jahre oft auch leicht über dem Durchschnitt der gesamten Wirtschaft lagen.[241] Ebenso sind die Prognosen den Umsatztrend betreffend für die nahe Zukunft grundsätzlich positiv.[242]
Auf Basis der bis hierhin gewonnenen Erkenntnisse kann somit von Märkten mit einem intensivem Wettbewerb ausgegangen werden. Dennoch erscheinen Hotelimmobilienvorhaben weiterhin als eine grundsätzlich potenzielle Form der Renditeerzielung - sowohl für Investoren bzw. Eigentümer als auch für Betreiber.[243]

Der deutsche Hotelmarkt ist in weiten Teilen – ebenso wie der westeuropäische –, vor allem in den alten Bundesländern, im

[241] Vgl. o.V., 2014c, o. S.
[242] Vgl. Marconi, 2014, o. S.
[243] Vgl. o.V. (DEHOGA), o. J., o. S.

Gegensatz zu den asiatischen oder den amerikanischen Märkten zwar noch durch einen großen Teil von klein- und mittelständisch strukturierten Angeboten geprägt, aber durch die immer weiter zunehmende Internationalisierung steigt auch auf dem einheimischen Markt der „Einfluss“ internationaler Hotelketten immer stärker an.[244] Dieser Trend wird aktuell auch für die weiteren Jahre bestätigt.[245] So steigen die am Umsatz gemessenen Marktanteile der grenzüberschreitend agierenden Unternehmen gegenüber den einzelwirtschaftlich organisierten Hotelunternehmen in allen Teilbereichen. So sank z. B. in Deutschland der Marktanteil der individuell geführten Hotels von 90 % in den neunziger Jahren des letzten Jahrhunderts hin zu unter 50 % gegen Ende des ersten Jahrzehnts des aktuellen Jahrtausends.[246] Die Gründe liegen vor allem darin, dass international aufgestellte Hotelketten mit starken Marken und einem entsprechenden Finanzierungsvermögen Wettbewerbsvorteile nutzen, um neue Zielgruppen zu erschließen und Märkte schneller zu durchdringen.[247] Insgesamt betrachtet, stagniert die Anzahl der Hotelbetriebe auf dem deutschen Hotelmarkt bzw. die Anzahl ist in den letzten drei Jahren sogar leicht rückläufig.[248] Demgegenüber steht die Entwicklung der kontinuierlichen, zum Teil leichten Zunahme des Gesamtübernachtungsvolumen über die letzten zehn Jahre und damit einhergehend der allgemeinen Zimmerauslastung.[249] Dieser Trend soll in den nächsten Jahren zumindest kurzfristig anhalten.[250] Dies betrifft nicht nur die „Top-Städte“ sondern auch die so genannte „zweite Reihe“ an Standort-

---

[244] Vgl. Ollhoff, 2010, S. 13 f.
[245] Vgl o.V., 2014a, o. S.
[246] Vgl. Ollhoff, 2010, S. 14.
[247] Vgl. Ollhoff, 2010, S. 14.
[248] Vgl. o.V., 2014c, o. S.
[249] Vgl. o.V., 2014d, S. 1 ff.
[250] Vgl. Marconi, 2014, o. S.

orten, die „Sekundär-Standorte“.[251] Ebenso ist das Transaktionsvolumen auf dem deutschen Hotelinvestmentmarkt in jüngerer Vergangenheit steigend.[252] Der aktuelle Trend wird durch Gutachten bestätigt, dass auch in den nächsten Jahren vermehrt Hotelinvestitionen auf dem deutschen Hotelmarkt getätigt werden sollen. Dies betrifft laut Trendprognosen vor allem die Kettenhotellerie insgesamt sowie die Markenhotellerie und insbesondere das so genannte „Economy-Segment“.[253] Diese Vermutung unterstützend, wird als einer der Trends in den nächsten Jahren die weitere Zunahme der „Budgethotellerie“ aufgrund gesteigertem Kostenbewusstsein der Kunden aufgeführt. Außerdem steigen „Hostels“ im Marktanteil seit den letzten Jahren.[254] Aber auch die so genannten „Nischenanbieter“ verzeichnen laut Trendprognose weiterhin Zuwächse.[255] Dies kann u. a. der steigenden Kundennachfrage nach individualisierten Angeboten trotz der großen Bedeutung von standardisierten Hotelkonzepten zugeschrieben werden.

Für die Hotelimmobilien wird sich aller Voraussicht nach – auch aufgrund der hier gezeigten Investitionsentwicklungen – der Trend nach weiterer Trennung von Hoteleigentümer und Hotelbetreiber fortsetzen, was sich durch einen Rückgang der in Eigenbetrieb geführten Hotels widerspiegelt.[256]

Auf Basis dieser Informationen und möglicher Trends wird die fiktive Fallstudie folgendermaßen gestaltet:

---

[251] Vgl. o.V., 2013a, o. S.
[252] Vgl. o.V., 2014d, S. 1 ff.
[253] Vgl. o.V., 2014a, o. S.
[254] Vgl. o.V. (DEHOGA), o. J., o. S.
[255] Vgl. o.V. (DEHOGA), o. J., o. S.
[256] Vgl. Schulz, o. J., o. S.

Ein potenzieller Hotelinvestor für eine Hotelimmobilie möchte im Südwesten Deutschlands, in einer Region mit grundsätzlich guter Kaufkraft, ein Stadthotel an einem guten Sekundär-Standort, d. h. somit nicht unmittelbar in einer der Top-Städte wie z. B. Hamburg, Berlin, Frankfurt am Main, Düsseldorf oder München (die „Top 5"), platzieren oder auch ein bestehendes, geeignetes Gebäude erwerben und in dieses als Eigentümer investieren.
Für den Hotelbetrieb setzt er einen geeigneten Betreiber ein, da er selbst nicht über diese Kernkompetenzen verfügt. Dies folgt dem mehrfach angesprochenen Trend in der Hotelimmobilienbranche nach Trennung zwischen Investor und Betreiber.
Weiterhin ist dies nicht die erste und einzige Hotelimmobilie in seinem gesamten Investmentbestand, da er bereits an anderen Standorten in Deutschland weitere Hotelimmobilien als Investor und Eigentümer hat.
Das Market Research inklusive einer beurteilenden Machbarkeitsstudie ergab für die angestrebte Stadt ein geeignetes Objekt in der Innenstadtlage, was laut Prognosen erfolgversprechend ist.
Hier wäre laut der Analyse – stark verkürzt dargelegt – ein Mittelklassehotel im oberen Bereich, nach der allgemeinen Hotelklassifizierung ein so genanntes „Drei-Sterne-Superior-Hotel" (bezeichnet nach DEHOGA als „Komfortklasse"[257]) passend, das seinen Schwerpunkt sowohl zum einen auf den Business-Reisenden als eine Zielgruppe mit einem Tagungsangebot legen sollte und zum anderen auf den Privatreisenden, der sowohl Interesse am Städtetourismus verfolgt als auch an der näheren Region. Dabei wird der aktuell bestehende Trend berücksichtigt, wonach Städtereisen weiterhin Wachstumspotenziale haben.[258] Deutsche Städte besitzen im Allgemeinen ein grundsätzlich hohes kulturelles Angebot. Des

[257] Vgl. Mayer/Fidlschuster, 2007, o. S.
[258] Vgl. o.V. (DEHOGA), o. J., o. S.

Weiteren wird das nahe Umfeld als Erlebnis- und Erholungsgebiet zusätzlich einbezogen.

Dies führt dazu, dass die Immobilie einen gehobenen Qualitäts- und Ausstattungsanspruch erfüllen muss. In das Betreibermanagement greift der Investor durch die Mitgestaltung dessen Marketingkonzept in der Art ein, dass er ihm die Konditionen eines Markenhotels und damit verbundenen einheitlichen Standards vorgibt, da er die Hotelimmobilie als Teil seiner gesamten „Hotelfamilie" eingliedert.

Weiterhin ist grundsätzlich für diesen Fall festzuhalten, dass in dieser Region relativ hohe Investitionskosten vorliegen, was Grundstück- und Immobilienpreise betrifft. Jedoch ist ebenso der Mietpreisspiegel relativ hoch im Vergleich zum Landesschnitt, jeweils sowohl die Wohn- als auch die Gewerbemieten betreffend.

4.2 Problemstellung und Anforderungen an ein geeignetes Konzept

Aufgrund der bisherigen, langjährigen Erfahrungen des potenziellen Investors im Bereich der Hotelimmobilien und am Hotelmarkt, auch was die Entwicklungen und Trends betrifft, sowie in der Vermietung, Verpachtung und der Veräußerung seines Immobilienbestands ergeben sich sehr konkrete und auch hohe Zielstellungen von Investorenseite. Neben der bloßen (maximalen) Renditeerzielungsabsicht werden sehr hohe Anforderungen von dem sehr zukunftsorientiert denkenden professionellen Hotelinvestor an ein potenzielles Hotelobjekt gestellt.

An das Immobilienmarketing wird für dieses Hotelprojekt die Anforderung gestellt, dass es zum einen perfekt zu den Charakteristika der Immobilie passt und somit die Erfolgspotenziale durch eine

Vermarktung optimal ausnutzt. Aus Sicht des Investors hat das Immobilienmarketing die Aufgabe, einen Pächter als Betreiber zu finden, der in die eruierten Rahmenbedingungen von seinen Kompetenzen passt. Zum anderen wurde durch die Machbarkeitsstudie auch das Hotelbetriebskonzept im Vorfeld festgestellt.

Der Investor möchte nun, dass seine Hotelimmobilie gemeinsam mit dem zu gewinnenden Hotelbetreiber die höchst möglichen Marktanteil in dem zu besetzenden Markt für die zu bearbeiteten Zielgruppe erreicht.

Dies soll langfristig gewährleistet sein. Somit hat er an sein Marketing die Anforderung, dass es einerseits sehr spezifisch auf die derzeitige Nutzung ausgerichtet ist, um im Wettbewerb gegenüber andere Anbieter führend zu sein, zudem soll die Hotelimmobilie so attraktiv sein, dass ein bestmöglicher Hotelbetreiber sich für dieses Objekt gewinnen lässt und auch diesem bestmögliche, genau auf den vorzufindenden Markt abgestimmte Bedingungen zur beiderseitigen Gewinnmaximierung bietet. Andererseits soll auch langfristig die Rendite gesichert sein. Somit wird das Schlagwort der „Flexibilität“ des Vermarktungskonzepts aufgeworfen. Dies ist dergestalt inhaltlich ausgeführt, dass bestmöglich auf Marktveränderungen reagiert werden kann und zwar so weit, wie es nur denkbar ist. Dabei soll auch eine Umnutzung möglich sein. Beispielsweise soll es möglich sein, im Extremfall aus dem Mittelklassehotel auch ein Boardinghouse entstehen zu lassen oder eine ganz andere Gebäudenutzung in Betracht zu ziehen. Dies bedeutet auch, dass bei einem etwaigen Betreiberwechsel wiederum zu dem Zeitpunkt die aktuellen Nachfrageranforderungen am Markt erfüllt werden können, um auch dann attraktiv für potenzielle Betreiberbewerber zu sein. Der selbstverständliche, zugrunde liegende Gedanke ist, dass aufgrund der Immobilität eine Anpassung an Standortveränderungen erfolgen muss, um weiter am Markt bestehen zu können. Diese Standortveränderungen können auch z. B.

öffentliche Tourismusförderungen oder rechtliche Aspekte sein, die durch eine Nutzungsveränderung erreicht bzw. bedient werden können oder sogar erfüllt werden müssen, um einen dauerhaften Betrieb aufrecht zu erhalten.

In diesem Zusammenhang wird auch der Wiederveräußerungswert der Immobilie gesehen. Es soll als Option bestehen, bei Notwendigkeit die Immobilie zu verkaufen. Hier soll sie für potenzielle Interessenten nicht nur eine Verwendung als eine derartige Hotelimmobilie beschränkt sein, damit sie quasi zu jeder Zeit am Markt einer breitestmöglichen Käuferschicht angeboten werden kann. Dieser Aspekt spielt ein wichtige Rolle, um das Gesamtrisiko, dass mit dem Immobilienerwerb verbunden ist, zu reduzieren. Gerade für den vorliegenden Fall ist die Gewährleistung eines potenziell sicheren Verkaufs mit einem hohen Erlös aufgrund der hohen Investitionskosten ein wichtiger Faktor aus Investorensicht.
Zusammenfassend lässt sich festhalten, dass von Investorenseite an das Immobilienmarketing die grundsätzliche Anforderung besteht, dass die Immobilie für die gesamte, lange Lebensdauer bestmöglich vermarktet werden kann im Sinne der bestmöglich zu erzielenden Rendite, ohne zum jetzigen Zeitpunkt genau zu wissen, welche Trends in den nächsten Jahren und Jahrzehnten aufkommen. Es wird eine „bestmögliche flexible Anpassungsfähigkeit“ gefordert, um jetzt und in Zukunft die Nachfragerbedürfnisse am Markt befriedigen zu können. Hiermit ist anzuführen, dass der Investor und Hotelimmobilieneigentümer von seinem Immobilienmarketing erwartet, dass dieses den Markt beobachtet und ihn auf mögliche Marktveränderungen und veränderte Bedingungen hinweist, sowie in diesem Zusammenhang aufkommende Potenziale aufzeigt.

5 Potenzielle Lösungsansätze zur Bewältigung von zukünftigen Herausforderungen des Hotelimmobilienmarketing

Zur Erarbeitung von potenziell erfolgreichen Marketingkonzeptansätzen für Hotelimmobilien ist es notwendig, die zukünftig möglichen Trends herauszubilden. Diese wurden in den bisherigen Ausführungen zum Teil bereits angedeutet und werden im ersten Schritt dieses Kapitels nun „zusammengetragen“ und wesentlich ergänzt.

Aufgabe eines erfolgreichen Immobilienmarketings in der Zukunft wird es sein, mit diesen Herausforderungen umgehen zu können und geeignete Lösungsansätze zu liefern, um den Hotelimmobilieninvestoren in der Erzielung bestmöglicher Renditen zu unterstützen. Demzufolge wird im zweiten Schritt die Zukunftsträchtigkeit der im dritten Kapitel aktuell vorhandenen Marketingaktivitäten beurteilt. Hieraus wird als dritter Schritt abgeleitet, wie Marketingkonzepte zukünftig ausgestaltet werden sollten und was ein Immobilienmarketing in diesem Sinne nach Meinung des Autors leisten muss und kann. Wichtig ist in diesem Zusammenhang auch, Grenzen des Hotelimmobilienmarketing und seiner Möglichkeiten zu zeigen. Dies geschieht unter anderem durch den Einbezug der Fallstudie.

Insgesamt ergibt sich dadurch ein abgerundetes Bild von auf die zukünftigen Herausforderungen ausgerichteten Marketingkonzepten für die Hotelimmobilienlandschaft, die hervorragende Lösungsansätze für die Investoren bieten, um weiterhin langfristig am Markt bestehen und ihre Ziele erreichen zu können.

5.1 Zukünftig zu bewältigende Herausforderungen

Zur Beurteilung der aktuell vorherrschenden Hotelimmobilienmarketingpraktiken und zur Entwicklung geeigneter Lösungsan-

sätze müssen die zukünftig zu bewältigen Herausforderungen zusammengetragen werden.
Nachfolgend sind die wesentlichen Trends und die weiter aufkommende Schwerpunkte des Hotelimmobilienmarkts ausgeführt, die anhand der eruierten Informationen als wahrscheinliche Entwicklungen eintreten können. Diese Einschätzungen gründen sich auf Branchenexperten, wie zum Beispiel einschlägige Studien von Fachverbänden und qualifizierten Beratungsunternehmen.

Der Versuch einer systematischen Einordnung dieser potenziellen Entwicklungstrends und Veränderungen findet sich in der folgenden Tabelle, in der eine Kategorisierung anhand des jeweiligen Blickwinkels vorgenommen wird (siehe Tabelle 2). Diese beinhaltet „kleine" und „große" Trends, „kurz-, mittel- und langfristige" potenzielle Entwicklungen und Veränderungsschwerpunkte. Eine konsequente, trennscharfe Einteilung ist hierbei jedoch nicht möglich, da viele Überschneidungen existieren. Ebenso bedingen sich die aufgeführten potenziellen Trends zum Teil gegenseitig. Deshalb ist die nachfolgende Übersicht nur als ein skizzierter, grober Überblick über die insgesamt ermittelten potenziellen Veränderungen zu verstehen, durch den die tiefergehenden Erläuterungen eine bessere Systematisierung erfahren.

Perspektive	potenzieller Trend und potenzielle Veränderungen
- Investor / Eigentümer / Immobilie	• weiter vermehrt Trennung von Immobilieninvestor und Betreiber • Verlagerung von und neue Investorentypen am Markt • verkürzte Lebensdauer der Immobilie • Umnutzung von Immobilien • steigende Bedeutung Risikomanagement • nachhaltige, v. a. energieeffiziente Immobilien
- Wettbewerber / Nachfrager (Pächter, Mieter, Betreiber & Käufer sowie Beherbergungs- und Gastronomienachfrager)	• genereller Nachfragerzuwachs • weiterhin Verschärfung Verdrängungswettbewerb • Zunahme Nachfrage Budgethotels & Economyhotels • Zunahme Individualtourismus • Zuwachs weltweiter Städtetourismus • Zunahme von Standardisierungen am Markt • Zunahme der Rollen von Marke und Image • Zunahme der Thematik "Gesundheit" von Nachfragerseite • weiter zunehmende Digitalisation und Technologisierung • Zunahme der Möglichkeiten zur Informationsgewinnung
- Markt allgemein & Sonstiges	• Demografischer Wandel • Globalisierung / Internationalsisierung • steigende Mobilität • Abkehr von klassischen Faktoren / Veränderung der Standortfaktoren • Veränderung in Lebenszyklen einer Region • Nachhaltigkeit • Kooperationen im Bereich Marketing • Zunahme der Bedeutung von Kommunikation • Veränderungen von politischen Rahmenbedingungen • Mixed Use-Development

Tab. 2: *Potenzielle Entwicklungen der Hotelimmobilienwirtschaft*
Quelle: *eigene Darstellung*

Als quasi übergeordnete potenzielle Änderungen der nächsten Jahre lassen sich die in der dritten Kategorie aufgeführten Thematiken aufführen:

- Allen voran nimmt der **demografische Wandel** auch auf den Hotelimmobilienmarkt Einfluss.[259] Dies betrifft nicht nur eine Verschiebung der Touristen im Bereich Hotellerie und Gastronomie und damit einhergehend veränderten Nutzerbedürfnissen von Immobilien. Hierzu ist zum Bei-

[259] Vgl. o.V., 2013b, o. S.

spiel die zunehmende Alterung von westeuropäischen und speziell der deutschen Bevölkerung anzuführen.[260] Dies führt dazu, dass andere Formen von touristischen Dienstleistungen nachgefragt werden. Aber auch die Immobilie selbst muss für die Zwecke dann verwendbar sein. Ein Stichwort ist die weiter zunehmende physische Barrierefreiheit des Objekts für Nutzungskonzepte, die auf diese Zielgruppen zugeschnitten sind.[261] Aber dies allein beschreibt nicht umfassend den Schlüsseltrend des demografischen Wandel. Beispielsweise gibt es auch eine Feminisierung der Gesellschaft und somit sich weiter verschiebende Nutzerwünsche.[262]

- **Globalisierung** und auch **Internationalisierung** sind weiterhin wesentliche Trends.[263] Der Globalisierungstrend vollzieht sich aus Sicht der Hotellerie auf mehreren Ebenen. Zum einen ist hier die grenzüberschreitende Tätigkeit von immer mehr Hotelunternehmen und Hotelinvestoren zu verstehen.[264] Im Bereich der Hotelinvestoren ist auch die Öffnung der deutschen Märkte für weitere Investorentypen in diesem Zusammenhang zu sehen, zum Beispiel für so genannte „REITs" (Real Estate Investment Trusts).[265] Zur Erschließung neuer Märkte ist das vermehrte Eintreten international aufgestellter Hotelunternehmen auf den deutschen Markt als ein weiterer, hier aufzuführender Faktor zu sehen.

[260] Vgl. Streibich, 2008, S. 36.
[261] Vgl. o.V., 2013b, o. S.
[262] Vgl. o.V., 2012a, o. S.
[263] Vgl. o.V., 2012a, o. S.
[264] Vgl. Strauß, 2014, S. 3.
[265] Vgl. Brauer, 2013, S. 52.

Und schließlich umfasst der Globalisierungstrend auch das international ausgerichtete Reiseverhalten der Nachfrager der Hoteldienstleistungen.[266]

- Hiermit in den Zusammenhang zu bringen ist das Thema der **steigenden Mobilität.**[267] Die Möglichkeiten für internationale Reisen werden immer besser.
  Dies liegt u. a. an gesunkenen Mobilitätskosten in den letzten Jahren.[268] Damit in Verbindung stehend, wächst auch die Nachfrage nach dementsprechenden internationalen Tourismusdestinationen. Dies drückt sich durch die zunehmende Quote an ausländischen Gästen im deutschen Beherbergungsgewerbe aus.[269]
- Die zunehmende **Abkehr von klassischen Faktoren** bzw. die **Veränderung relevanter Standortfaktoren** lässt sich durch mehrere Entwicklungen beschreiben: Zum einen wird es im zunehmenden Wettbewerb als Unterscheidungsmerkmal immer wichtiger, Wert auf „Zusatzleistungen" zu legen.[270] Früher gab es eine Konzentration auf das „harte" Angebot der Kernleistungen. Doch mit zunehmender Entwicklung, sowohl was den Standort als auch die Tourismusleistungen betrifft, werden die Kernangebote immer ähnlicher und Standorte profitieren immer stärker durch weiche Faktoren. Den weichen (Standort-)Fak-toren wird im Wettbewerb somit eine stark wachsende Bedeutung zugesprochen.[271] Dies trifft auch den Anbieter der

---

[266] Vgl. o.V. (DEHOGA), o. J., o. S.
[267] Vgl. o.V. (DEHOGA), o. J., o. S.
[268] Vgl. u.a. o.V., 2012b, S. 84 ff.
[269] Vgl. o.V., 2014d, S.2.
[270] Vgl. o.V. (DEHOGA), o. J., o. S.
[271] Vgl. Freyer, S. 49.

Immobilie, der dafür Sorge tragen muss, dass diese die Basis für die Entwicklung weicher Faktoren liefert.
Ein weiterer Gedanke, der sich hiermit verbindet, ist zum anderen, dass durch die Möglichkeiten der Globalisierung und der Zunahme von potenziellen Wettbewerbern gerade auch im lokal zunehmenden Wettbewerb darauf zu achten ist, dass die Hotelimmobilie durch besondere einzigartige Vermarktungsvorteile aufwarten kann, welche sich durch die Ausprägung weicher Faktoren ergeben.[272]

- Nicht ein Trend im eigentlichen Sinne, aber immer wieder eine zu beobachtende Entwicklung, sind die Veränderungen in **Lebenszyklen einer Region**, die auftreten.[273] Sie sind nicht immer vorhersehbar oder prognostizierbar, hängen mit anderen Faktoren zusammen, zum Beispiel gezielten Tourismusförderungen von öffentlicher Seite, und müssen auch keinesfalls zyklisch sein.[274] Für eine Hotelimmobilie ist es aber aufgrund ihrer Standortgebundenheit von entscheidender Bedeutung, wenn sich die regionalen und somit auch die lokalen Rahmenbedingungen entscheidend verändern. Dass dies in der Praxis aufritt, kann anhand vieler Beispiele beobachtet und belegt werden.[275]
- Die Thematik der „**Nachhaltigkeit**" ist sehr umfassend und vielschichtig und wird in den nachfolgenden Ausführungen noch weiter detailliert.
Übergeordnet begegnet die Immobilienbranche dieser Thematik im Rahmen der Sicherung und dem Erhalt von Ressourcen.[276] Die Klima- und Umweltdebatte ist auch im

[272] Vgl. Strauß, 2014a, S. 1.
[273] Vgl. Bär, 2006, S. 116 ff.
[274] Vgl. Bär, 2006, S. 116 ff.
[275] Vgl. u.a. Freyer, 2006, S. 42 ff.
[276] Vgl. Steppeler, 2010, S. 278.

Bereich der Hotellerie von Bedeutung.[277] Gefordert wird dieses Bewusstsein von allen Seiten – so auch von den Nachfragern und damit auch von den Betreibern von Hotelimmobilien.[278] Nachhaltige Orientierung und vor allem ökologische Berücksichtigung ist eines der wichtigsten Themen für die kommenden Jahre und eine langfristige Entwicklungsperspektive. Dabei ist die Umsetzung von Nachhaltigkeit für die Hotelimmobilienbranche mit zahlreichen Hindernissen versehen. Vor allem ist sie mit Kosten versehen, deren Amortisation aufgrund mangelnder Messbarkeit der positiven Nutzenzuwächse aufgrund nachhaltiger Maßnahmen nur schwer einzuschätzen ist.[279] Die Umsetzung von Nachhaltigkeit verbindet sich daher für Eigentümer und Investoren mit einer richtungsweisenden Entscheidung über die persönliche Risikobereitschaft.[280] Jedoch wird dieser Risikobereitschaft eine zunehmende Notwendigkeit gegenübergestellt, da die Erwartungshaltung der Zielgruppen an die Erfüllung von Nachhaltigkeitsorientierungen steigt. Hiermit sind allerdings auch Chancen verbunden, um sich durch die Erfüllung dieser Ansprüche ein Image und eine Marke aufzubauen und sich so von Wettbewerbern abzuheben.[281]

Dies geht mittlerweile auch nicht zuletzt von der internationalen Kettenhotellerie durch deren Ausrichtung aus.

Ein (Rand-)Aspekt im Zusammenhang des Nachhaltigkeitsgedankens ist dabei das „autarke“ Hotel bzgl. externer

[277] Vgl. Birke, 2012, o. S.
[278] Vgl. Birke, 2012, o. S.
[279] Vgl. Steppeler, 2010, S. 281 ff.
[280] Vgl. Steppeler, 2010, S. 287.
[281] Vgl. Steppeler, 2010, S. 287.

Energieressourcen.[282] Diese Extremform kann zwar nicht als richtiger Trend ausgemacht werden, aber zumindest klimaschonende und energiebewusste Maßnahmen in der Hotelbranche erfahren im zunehmenden Maße Bedeutung.[283] Deshalb sind auch ökologische und soziale Belange zu berücksichtigen.

- **Kooperationen im Bereich Marketing** werden immer mehr als eine wichtige Strategie angesehen, um im Wettbewerb vor allem gegen Hotelketten zu bestehen.[284] Hierzu können unterschiedliche Formen gewählt werden, je nach der Modellbestimmung der Zusammenarbeit.[285] Grundsätzlich handelt es sich um eine freiwillige Form der Zusammenarbeit zwischen zwei oder mehreren rechtlich und wirtschaftlich selbständigen Unternehmen, die sich hierdurch eine bessere Zielerreichung versprechen.[286] Diese Kooperationen finden eher im vertikalen Bereich statt, sind aber auch zwischen Hotelunternehmen üblich.

  Hierein spielt auch die Thematik des gemeinsamen Standortmarketing. Dieses geschieht durchaus in Zusammenarbeit des Hotelbetreibers vor Ort mit öffentlichen Einrichtungen, um den Standort oder die Region gemeinsam attraktiver für potenzielle Zielgruppen zu machen.[287] Die betroffene Stadt, Kommune, Region hat ein Interesse an dem Gewinn und Erhalt von Arbeitsplätzen, Steueraufkommen etc. und so wird gerade zur regionalen Entwicklung eine

[282] Vgl. o.V., 2012a, o. S.
[283] Vgl. o.V., 2012a, o. S.
[284] Vgl. Bär, 2006, S. 63.
[285] Vgl. Bär, 2006, S. 63.
[286] Vgl. Bär, 2006, S. 63.
[287] Vgl. Freyer, 2008, S. 42 ff.

Unterstützung der ansässigen Unternehmen und zur Ansiedelung von potenziellen Investoren angestrebt.[288]

- Das Herausstellen der Thematik „**Kommunikation**" soll die steigende Bedeutung der kommunikationspolitischen Maßnahmen im Rahmen der Hotelimmobilienmarketingkonzepte aufzeigen, welche sich immer mehr in den Vordergrund spielen. Dies drückt aus, dass eine Vermarktungsstrategie immer offensiver über die verschiedensten Informationskanäle „nach außen" getragen werden muss, um die potenziellen Zielgruppen zu erreichen und sich von der Vielzahl der Anbieter abzuheben.[289] Dies gilt auch immer mehr für die Vermarktung der Hotelimmobilie als solche – sei es der Verkauf oder das typischerweise Finden von geeigneten Hotelbetreibern. Hierzu wird sich auch oft von Intermediären, bspw. Real Estate Marketingspezialisten, bedient, die ihrerseits das Produkt über diverse Kommunikationsplattformen anbieten.
- Die **Veränderung politischer Rahmenbedingungen** spielt auch immer wieder eine bedeutende Rolle für die Vermarktung von Hotelimmobilien, wie auch speziell im Rahmen der eigenen Studie hervorgebracht wurde.
  Hierin gehören die Förderungen von öffentlicher Seite zur speziellen Entwicklung von Tourismusstandorten.[290] Aber auch das Schaffen von gesetzlichen Regelungen – ganz konkret die Anwendung bzw. Erhebung des erhöhten Umsatzsteuersatzes für bestimmte Hoteldienstleistungen, die Einführung der so genannten „Bettensteuer" oder konkret das Beispiel der „Berliner City Tax" als spezielle lokale Abgabe einerseits, sowie auch Besteuerungen im Rahmen

[288] Vgl. Freyer, 2008, S. 42 f.
[289] Vgl. Trofer, 2010, S. 16 ff.
[290] Vgl. eigene Studie, Kapitel 3.2.3, S. 55 f.

von Investments andererseits – beeinflussen weiterhin die Entscheidung für die Planung einer Hotelimmobilie und ihr dazugehöriges Konzept.[291,292]

- Der Trend zum zukünftigen **Mixed Use-Development** ist ein ganz besonderer. Im Rahmen einer Umfrage gaben sowohl Hotelprojektentwickler als auch ein Großteil der befragten Hotelketten an, dass sie Hotels in Deutschland zukünftig auch als Teil von Mixed Use-Immobilien betreiben würden.[293] „Mixed Use" beschreibt einen Gebäudekomplex, der mehr als einem Immobilientyp bzw. einer Nutzung zuzuordnen ist. Nach dieser Umfrage sind grundsätzlich die Kombinationen von einem Hotelbetrieb gemeinsam mit Einzelhandelsgeschäften, mit Büros und mit Wohneinheiten in einem Objekt denkbar.[294] Erste Immobilien in diesem Segment existieren bereits in Deutschland, bspw. in der „Hamburger Hafencity", am „Kölner Rheinauhafen" oder im Frankfurter „Europaviertel" – weltweit sowieso.[295] Dies bringt auch eine andere Struktur von Immobilieninvestoren und damit andere Möglichkeiten sowieso die Notwendigkeit anderer Vermarktungskonzepte mit sich.[296]

In die zweite Kategorie werden die Trends und Veränderungen einsortiert, welche vornehmlich von den Akteuren am Markt initiiert werden bzw. diese betreffen – exklusiv den Investoren oder die von der Hotelimmobilie direkt ausgehenden.

[291] Vgl. eigene Studie, Kapitel 3.2.3, S. 55 f.
[292] Vgl. Westermann, 2014, S. 2.
[293] Vgl. Strobl/Niemeyer, 2013, S. 23.
[294] Vgl. Strobl/Niemeyer, 2013, S. 23.
[295] Vgl. Nittka, 2013, o. S.
[296] Vgl. Nittka, 2013, o. S.

Hier werden auch die Veränderungen einbezogen, die primär für die Betreiber von Bedeutung sind. Die Wichtigkeit der Berücksichtigung dieser wurde bereits angedeutet und wird bei den Lösungsansätzen noch eine wichtige Rolle spielen (siehe Abschnitt 5.2.2).

- Als Trend des **generelles Nachfragerzuwachs** kann zunächst festgehalten werden, dass sowohl weiterhin ein Zuwachs in Gästezahlen und somit Umsatzzuwächsen beim Hotelbetrieb zu beobachten ist und auch beim Transaktionsvolumen und beim Investitionsvolumen im und auf dem deutschen Hotelmarkt.[297,298,299] Ebenso wird der deutsche Hotelmarkt als Destination für ausländische Gäste immer attraktiver.[300] Vor allem Großstädte wachsen überproportional auf den gesamten Markt bezogen bezüglich der Gesamtzahl an Touristen und dem Umsatz des Hotelbetriebs.[301] Jedoch ist in diesem Zusammenhang das Preisbewusstsein der Nachfrager zu nennen, welches sich u. a. durch die im europäischen Vergleich eher unterdurchschnittlichen Beherbergungsumsätze einiger Städte – zum Beispiel durch die Zimmerpreise – ausdrückt.[302]

  Der Hotelinvestmentmarkt selbst hat 2013 ein Rekordjahr erlebt mit einem Investitionsplus von 20 % gegenüber dem Vorjahr.[303]
- Die **weitere Verschärfung im Verdrängungswettbewerb:**

[297] Vgl. o.V., 2014c, o. S.
[298] Vgl. Marconi, 2014, S. 7.
[299] Vgl. o.V., 2014d, S. 2.
[300] Vgl. Marconi, 2014, S. 7.
[301] Vgl. Marconi, 2014, S. 7.
[302] Vgl. Marconi, 2014, S. 7.
[303] Vgl. o.V., 2014d, S. 1.

Aufgrund dieses weiteren Nachfragerzuwachs nimmt auf Anbieterseite ebenfalls der Wettbewerb zu. Die Attraktivität des deutschen Hotelmarkts sorgt dafür, dass internationale wie nationale Investoren und Hotelunternehmen weitere Bereiche besetzen und in den Markt hinein expandieren. Eine Chance für Hotelinvestoren sind dabei innovative Marketingkonzepte für Nischen im Bereich der Privathotellerie.[304] Dies kommt vor allem für individualisierte Angebote in Standorten der zweiten Reihe zum Tragen.[305] Allgemein „entdeckt" die Hotelbranche und damit verbunden auch die Investoren die Attraktivität von Sekundärstandorten als Ausweichmöglichkeit im Verdrängungswettbewerb.[306] Als Ausgleich zu gewissen eventuellen Standortnachteilen gegenüber Topstandorten ist hier eine präzise Vermarktung mittels eines geeigneten Marketingkonzepts umso wichtiger.[307]

- Wie zuvor ausgeführt, ist der **Zuwachs des Städtetourismus**, der weltweit zu beobachten ist, ein bestehender Trend, der weiteres Wachstumspotenzial besitzt.[308] In diesem Zusammenhang gewinnen Kurzreisen und Kurzaufenthalte, in denen möglichst viel geboten werden soll, von Bedeutung.[309] Hier ist die Attraktivität der einzelnen Standorte entscheidend, was wiederum anhand der Standortfaktoren bestimmt werden kann. Ebenso spielen spezielle Events und Veranstaltungen eine Rolle.[310] Unterstützt

[304] Vgl. Shanahan, 2010, S. 306 ff.
[305] Vgl. o.V., 2013a, o. S.
[306] Vgl. o.V., 2013a, o. S.
[307] Vgl. Behre, 2014a, S. 9.
[308] Vgl. o.V. (DEHOGA), O. J., o. S.
[309] Vgl. o.V. (DEHOGA), O. J., o. S.
[310] Vgl. o.V. (DEHOGA), O. J., o. S.

wird dieser Trend durch das weitere Absinken der Mobilitätskosten.[311]

- Hiermit in Verbindung ist die **Zunahme nach Individualtourismus** zu nennen, die u.a. – aber nicht nur – im Bereich des Städtetourismus liegt. Jedoch ist generell eine steigende Nachfrage nach der Erfüllung individualisierter Dienstleistungsangebote am Standort festzustellen.[312] Der Gast will das Gefühl des „Besonderen" haben, weshalb sich hier Nischen v. a. für die Privathotellerie ergeben.[313]
- Die **Zunahme der Standardisierungen am Markt** scheint in erster Betrachtung dem Wunsch der Nachfrager nach Individualisierung entgegen zu stehen. Dies ist aber nicht der Fall. Denn trotz einer geforderten Individualität existiert auch die steigende Nachfrage nach bestimmten Standards, welche – auch im internationalen Bereich – erwartet werden und eine gewisse „Sicherheit" verleihen.[314]
  Hier tritt wiederum die Stärke der Kettenhotellerie und der standardisierten Marken zum Vorschein.[315]
- Die **Zunahme der Rollen von Marke und Image** stellen eine weitere Entwicklung am Hotelmarkt dar, die sich vor allem auf die Faktoren der Internationalisierungstendenzen und damit einhergehend der Hotelketten gründen.[316] Ebenso sind sie im Zusammenhang mit den zuvorstehend beschriebenen Standardisierungstendenzen zu sehen. Generell hat sich der deutsche Hotelmarkt in den letzten Jahren diesbezüglich stark gewandelt, und dieser Wandel setzt

---

[311] Vgl. o.V. (DEHOGA), O. J., o. S.
[312] Vgl. o.V. (DEHOGA), O. J., o. S.
[313] Vgl. o.V. (DEHOGA), O. J., o. S.
[314] Vgl. o.V., 2012a, o. S.
[315] Vgl. Strauß, 2014a, S. 3.
[316] Vgl. Behre, 2014b, S. 9.

sich weiter fort, sowohl was die Verbreitung von Marken betrifft als auch deren Vertriebswege.[317]

Die Hotelmarke dient als Medium zur Vermittlung von Zusatznutzen.[318] Dieser zeigt sich in einem angenommenen gleichbleibenden Qualitätsniveau innerhalb der Marke. Dies erzeugt Sicherheit und somit eine Reduktion des Kaufrisikos bei den Nachfragern.[319] Des Weiteren werden mit einer Marke zusätzliche Assoziationen verbunden, die auf emotionaler Ebene beim Nachfrager wirken und weitere Vorteile für den Anbieter erzeugen.[320] Negative Erfahrungen mit einer Marke prägen wiederum nachhaltig das Bewusstsein der Kunden. Deshalb muss das zugehörige Markenmanagement zum Dienstleistungsangebot passen.[321]

- Eine davon ist die **Zunahme von Budgethotels und Economy Hotels** im Bereich der Markenhotellerie.[322] Im Economy-Segment ist ein weiterhin starkes Wachstum festzustellen.[323] Hauptprofiteur ist die internationale Kettenhotellerie.[324] Im europäischen Vergleich war der deutsche Markt in 2013 hinsichtlich der Kettenhotellerie der am stärksten wachsende Markt.[325] Im Bereich der Budgethotels und der Economy Hotels haben sich auch gänzlich neue Marken von internationalen Hotelkonzernen auf dem deutschen

---

[317] Vgl. Behre, 2014b, S. 9.
[318] Vgl. Frehse, 2006, S. 149.
[319] Vgl. Frehse, 2006, S. 149.
[320] Vgl. Frehse, 2006, S. 149.
[321] Vgl. Frehse, 2006, S. 149.
[322] Vgl. Behre, 2014b, S. 9.
[323] Vgl. o.V., 2014a, o. S.
[324] Vgl. o.V., 2014a, o. S.
[325] Vgl. o.V., 2014a, o. S.

Hotelmarkt etabliert.[326] Neue Konzepte machen das „Low Budget-Segment“ salonfähig.[327] Zum Teil wurden hierdurch auch neue Produktkategorien geschaffen, die sich bspw. von den ursprünglichen Kriterienkategorien lösen, um somit der steigenden Nachfrage von Gästen nachzukommen, indem – wie z. B. im Falle von „Motel One“ – Elemente hochwertiger Hotels, gerade bei der Zimmereinrichtung mit teureren Materialien, mit typischen Budget-Merkmalen wie den Verzicht auf bestimmte Angebote (Wellness, Zimmertelefon etc.) sich verbinden.[328]
Generell ist zu diesem Trend die steigende Zunahme von Nachfragerseite nach Budgethotels festzuhalten.[329] Die Hotelgruppen reagieren auf diese Anforderungen in ihren Hotelkreationen, um diese Zielgruppen zu erhalten und/oder zu gewinnen.[330] Ebenfalls ist eine Zunahme bei der Kapitalanlage in die Budgethotelkategorie zu beobachten.[331]

- Die **Zunahme der Thematik „Gesundheit“** von Nachfragerseite beinhaltet einen der wichtigsten Trends in den nächsten Jahren, der allerdings immer wieder stärkeren Veränderungen aufgrund der tatsächlichen Ansprüche von Nachfragerseite unterliegt, weshalb er nur schwer zu prognostizieren ist.[332] Der hier angeführte Entwicklungstrend reicht von einzelnen Wellness-Nachfragen bis hin zur denkbaren Standortnachfrage nach kompletten Kur- und Rehaprogrammen.

---

326 Vgl. Behre, 2014b, S. 9.
327 Vgl. o.V., 2009, S. 7.
328 Vgl. Behre, 2014b, S. 9.
329 Vgl. o.V. (DEHOGA), O. J., o. S.
330 Vgl. Behre, 2014b, S. 9.
331 Vgl. o.V., 2009, S. 6.
332 Vgl. o.V., 2012a, o. S.

- Die **weiter zunehmende Digitalisation und Technologisierung** spricht die Entwicklung an, dass die Hotelimmobilie eine weitere technische Aufwertung erfährt durch weiter zunehmende Befriedigung der Nachfragerwünsche in diesem Bereich.[333] Dies stellt die Schaffung bzw. den weiteren Ausbau von wettbewerbsrelevanten weichen Faktoren zur Abgrenzung der Hotelimmobilie von den anderen dar. Gleichzeitig können neue Zielgruppen angesprochen werden, z. B. technikaffine jüngere Reisende.[334] Hierdurch entstehen neue Kategorien wie z. B. „Budget Design"-Hotelimmobilien oder „Lean Luxury"-Marken, die dem derzeitigen Lifestyle, verbunden mit speziellen Merkmalen an einzelnen Standorten, und somit den Nachfragern Rechnung tragen.[335]
- Die **Zunahme der Möglichkeiten zur Informationsgewinnung** versteht inhaltlich, dass Zielgruppen – sowohl mögliche Investoren als auch später Nutzer (Reisende) der Immobilie – immer bessere Möglichkeiten und Zugänge zur Informationsgewinnung haben, um sich erstens generell über Standorte zu informieren und zweitens bessere Vergleiche zwischen unterschiedlichen Leistungsangeboten anstellen zu können.[336] Die Ursache hierfür ist zum einen wiederum die Zunahme in den Bereichen der Kommunikations-Technologiemittel. Zum anderen besteht wegen des steigenden Wettbewerbs allein von Anbieterseite eine Notwendigkeit zur besseren Bereitstellung des Informa-

[333] Vgl. o.V., 2012a, o. S.
[334] Vgl. Behre, 2014b, S. 9.
[335] Vgl. Behre, 2014b, S. 9.
[336] Vgl. o.V., 2012a, o. S.

tionsangebots als Teil der Vermarktung der anzubietenden Leistungen.[337]

In die dritte Perspektive werden die möglichen Trends und Entwicklungen einsortiert, dessen Impulse hauptsächlich entweder von den Investoren selbst ausgehen oder deren Veränderungen direkten Bezug auf die Immobilie nehmen.

- Weiter ist **vermehrt die Trennung von Immobilieninvestor und Betreiber** eine aktuelle Richtung in der Entwicklung.[338] So hängt folglich auch der Wert dieser Form der Betreiberimmobilie maßgeblich vom wirtschaftlichen Erfolg des Betreibers ab und ist untrennbar mit diesem verbunden.[339] Ist der Hotellier erfolgreich, steigert dies auch den Wert des Objekts – im umgekehrten Fall wirkt er sich auch negativ aus.[340] Anzumerken bei der Akteursstruktur ist, dass zwischen dem Investor/Eigentümer auch des Öfteren eine Betreibergesellschaft angesiedelt ist, welche allerdings selbst durchaus Immobilieneigentümer wiederum sein kann.[341] Gerade die Vermarktung der Hotelimmobilie kann von dieser Gesellschaft für den Investor übernommen werden, falls dieser selbst über wenig Kenntnisse und Erfahrung auf dem Markt verfügt. Andererseits können auch Hotelketten durch Veräußerungen von Hotelimmobilien diese Rolle der Betreibergesellschaft inne haben, wenn sie wiederum in die andere Richtung Pacht- oder Franchiseverträge an geeignete Betreiber vermitteln.[342]

---

[337] Vgl. o.V., 2012a, o. S.
[338] Vgl. Schulz, o. J., o. S.
[339] Vgl. Behre, 2014a, S. 24.
[340] Vgl. Behre, 2014a, S. 24.
[341] Vgl. Leibfried, 2014, S. 10.
[342] Vgl. Leibfried, 2014, S. 10.

Die bevorzugte Form des Betriebs deutscher Hotelimmobilien ist – im Gegensatz zu internationalen Hotelmärkten – weiter auf Basis langfristiger Pachtverträge. Es wird jedoch ein Trend Richtung Managementvertrag, sowohl in reiner Form als auch mit Garantielementen, als Angleich an internationale Betreiberformen beobachtet.[343] Es zeigt sich ein genereller Trend zu mehr Flexibilität bei der Vertragsgestaltung.[344]

- Die **Verlagerung von und neue Investorentypen am Markt:**
Die Attraktivität des deutschen Hotelmarkts bringt auch das Auftreten neuer Investorentypen am Markt hervor. Neben privaten Personen und direkten Investoren existieren eine Vielzahl von indirekten Investoren, wie zum Beispiel Fondsgesellschaften und Immobilienunternehmen.[345] Diese Typen der Kapitalanleger haben in ihrer Anzahl und Vielfalt in den letzten Jahren weiter zugenommen.[346]
Als Trend lässt sich hierzu auch die aktuelle Entwicklung einbeziehen, dass Hotelketten aktuell wieder verstärkt auf Immobilieneigentum setzen und wieder Immobilien ins eigene Portfolio vermehrt aufnehmen, so z. B. die Accor Hotelkette seit 2014 (ausgedrückt in ihrem Strategiewechsel von „Asset light" zu „Asset heavy").[347] Generell hat das Transaktionsvolumen im Hotelimmobilienbereich wieder zugenommen – und dieser Trend könnte auch in der nahen Zukunft anhalten.[348] Für erfolgreiche und lohnenswert er-

[343] Vgl. o.V., 2009, S. 10.
[344] Vgl. o.V., 2009, S. 11.
[345] Vgl. Brauer, 2013, S. 33 ff.
[346] Vgl. o.V., 2014d, S. 5.
[347] Vgl. Strauß, 2014b, S. 10.
[348] Vgl. Strauß, 2014b, S. 10.

scheinende Hotelobjekte ist ein Überschuss an Investorennachfragen derzeit zu beobachten laut einer aktuellen Studie des Wirtschaftsprüfungsinstituts Price Waterhouse Coopers (PwC).[349] Dieser Trend setzte vorletztes Jahr ein und hält weiter an. Zu beobachten ist weiterhin, dass Investorentypen auf den Markt treten, die zuvor nicht in diese Immobilienform investierten.[350] Auch hier ist eine Art von Internationalisierung zu registrieren, indem auch Investoren aus dem arabischen und vor allem auch aus dem asiatischen Raum (z. B. China) als relativ neue Vertreter von Immobilienkäufern aufkommen.[351] Ebenso wissen aber auch deutsche und europäische Investoren, dass im deutschen Hotelmarkt weiterhin ansehnliche Renditen zu erwarten sind.[352] Insgesamt ist der inländische Hotelinvestmentmarkt aufgrund des stabilen und weiterhin wachsendem Tourismus von Expertenseite mit einem positiven Image versehen.[353] Dies schließt gleichermaßen die Relevanz des erfolgreichen Hotelbetriebs durch diese Charakteristika mit ein.

- Die **verkürzte Lebensdauer der Immobilie** drückt aus, dass der jeweilige Verwendungszweck der Immobilie immer kürzeren Nutzungsperioden unterliegt.[354] Dies macht aus dem langlebigen Wirtschaftsgut eine wechselnde Verwendung für unterschiedliche Zwecke.[355] Somit ist die Immobilie grundsätzlich so zu gestalten, dass sie für kurzfristig wechselnde Nutzeranforderungen in einem gewissen

[349] Vgl. Mischke, 2014, o. S.
[350] Vgl. Mischke, 2014, o. S.
[351] Vgl. o.V., 2014b, S. 1.
[352] Vgl. o.V., 2014b, S. 1.
[353] Vgl. Strobl/Niemeyer, 2013, S. 3 f.
[354] Vgl. Brauer, 2013, S. 47.
[355] Vgl. Westermann, 2014, S. 2.

Spektrum geeignet ist.[356] Das Ziel des Eigentümers nach einer dauerhaften Vermarktbarkeit wird damit zu einem ganz wesentlichen Kriterium bei der Nutzung und dem Werterhalt der Immobilie.[357]

- Die steigende Bedeutung zur **Umnutzung von Immobilien** ergibt sich letztendlich auf Bestreben des Eigentümers bzw. Investors hin, jedoch setzt sich dieser Impuls aus den zuvor aufgeführten Trends, zum Beispiel eine Steigerung der Nachfrage nach preisorientierten Budgethotels mit einer trotzdem guten Hotelimmobilienausstattung, und einer erkannten Notwendigkeit zum Handeln zusammen. Generell ist und bleibt der Standort des Deutschen Hotelimmobilienmarkt weiterhin sehr gefragt.[358] Dies bedeutet auch, dass Investoren bestehende Immobilien kaufen und übernehmen, sofern die weitere Verwendung lukrativ ist. Dieser kann auch eine Umnutzung zugrunde liegen, weshalb eine gegebene Flexibilität in der Verwendung einer Hotelimmobilie auch im späteren Verlauf des Lebenszyklus eine Rolle spielt. Allgemein wird von Experten diesbezüglich eingeschätzt, dass Hotelimmobilien sich in den nächsten Jahren immer wieder neuen Entwicklungen am Markt ausgesetzt sehen werden.[359]
- Die **steigende Bedeutung des Risikomanagements für den Investor**:
  Generell gelten Hotelimmobilien im internationalen Investment als eine sehr gute Anlageform aufgrund ihrer im Vergleich zu anderen Anlageformen höheren Wertbestän-

[356] Vgl. Brauer, 2013, S. 47.
[357] Vgl. Brauer, 2013, S. 47.
[358] Vgl. o.V., 2014b, S. 1.
[359] Vgl. u.a. Westermann, 2014, S. 3.

digkeit.[360] Dennoch sind mit dieser Kapitalbindung auch erhebliche Risiken verbunden, welche von den Investoren zu vermeiden versucht werden. Hier ist der bereits angesprochene Trend der Risikoaversion ausschlaggebend. Deshalb nimmt die Bedeutung eines funktionierenden Risikomanagements immer mehr zu. Allerdings weisen auch viele Risikomanagementsysteme starke Mängel auf.[361] Grundlegend kann konstatiert werden, dass die fundierte und tiefgreifende Analyse hilft, eine anfängliche, gute Risikoeinschätzung für eine Investitions- oder Kaufentscheidung vorzunehmen.

Eine mögliche Vorgehensweise in der Gestaltung eines Risikomanagements in der Immobilienwirtschaft ist die Orientierung am Lebenszyklus der Immobilie.[362] Hierbei werden unterschiedliche Risikoschwerpunkte für die jeweiligen Phasen des Lebenszyklus bestimmt und somit für das Risikomanagement im Vorfeld gewisse Schwerpunkte gesetzt, um dieses zielorientierter und besser handhabbar zu strukturieren.[363] Weiterhin ist von Vornherein die generelle Risikoneigung des Investors einzuschätzen, um sie im Verlauf berücksichtigen zu können. Hierfür gibt es verschiedene Methoden zur Risikoklassifizierung des Anlegerverhaltens.[364]

- Nachhaltigkeitsanforderungen prägen den gesamten Lebenszyklus der Immobilie (siehe oben).[365] **Nachhaltige Immobilien** spielen eine immer größer werdende Rolle.

[360] Vgl. u.a. Westermann, 2014, S. 3.
[361] Vgl. Urschel, 2010, S. 37.
[362] Vgl. Urschel, 2010, S. 205 ff.
[363] Vgl. Urschel, 2010, S. 233 ff.
[364] Vgl. Blüml, 2014, S. 11 ff.
[365] Vgl. Brauer, 2013, S. 47.

Aus Sicht des Investors ist neben der Erfüllung der Nachhaltigkeitsanforderungen von Marktseite auch aus eigenem Nutzen heraus die nachhaltige Bauweise und Gestaltung der Immobilie von Interesse, so z. B. vor allem eine bestmögliche Energieeffizienz.[366] Dies soll als ein Stichwort dienen, um auch hier das Renditebewusstsein des Investors in den Vordergrund zu heben. Nachhaltig gestaltete Immobilien helfen, langfristig Kosten zu reduzieren und auch den Verkaufswert zu erhöhen. Hierbei ist die ökologische Form der Nachhaltigkeit vor allem gemeint.[367]
In diesem Zusammenhang geht es auch um die Signalisierung und Kommunikation der Berücksichtigung des Nachhaltigkeitsgedankens von Immobilienseite „nach außen“, um einen zusätzlichen, positiven Effekt zu erhalten.[368]

5.2 Weiterentwicklungsansätze des bestehenden Immobilienmarketing

Auf Basis der gesamten Ausführungen und mit Hilfe der ermittelten potenziellen Entwicklungstrends als Herausforderungen erfolgt die hierauf reflektierende Beurteilung der bestehenden Konzepte, um daraus Lösungsansätze zu liefern, den zukünftigen Herausforderungen gegebenenfalls besser gegenüber treten zu können.
Die Lösungsansätze stellen das Ergebnis dieser wissenschaftlichen Ausführungen dar.
In Ergänzung dessen wird die modellhafte Anwendung dieser gefundenen Ergebnisse anhand der im vorherigen Kapitel aufgeworfenen Problemstellungen der fiktiven Fallstudie vorgenommen.

---

[366] Vgl. Pfister, 2011, S. 137 ff.
[367] Vgl. Brauer, 2013, S. 48.
[368] Vgl. o.V.(DEHOGA), o. J., o. S.

5.2.1 Beurteilung der bestehenden Marketingkonzepte

Eine Beurteilung der Qualität von Marketingkonzepten der Hotelimmobilien im Rahmen des Immobilienmarketings ist wegen der aufgezeigten uneinheitlichen Aufteilung der Akteure nicht einfach. Die Palette der Anspruchsgruppen, welche ein qualifiziertes Marketing benötigen, reicht von der Investoren-/Eigentümerseite über die Hotelgesellschaften, welche eventuell selbst „nur Vermittler" für den Betrieb der Immobilie sind, bis hin zu den eigentlichen langjährigen Betreibern.

Deren Aktivitäten am Markt zählen im weitesten Sinne allesamt zu den durch ein geeignetes Marketing zu unterstützenden Bereichen. Inwiefern hier aber eine grundlegende Zusammenarbeit existiert, ist in der Praxis detailliert zu betrachten und bedürfte einer eigenen Untersuchung, ohne die nicht halbwegs zuverlässig eine Beurteilung möglich ist.

Zu konstatieren ist jedoch grundsätzlich, dass durchweg zu beobachten ist, dass ein Investor bzw. Immobilienkäufer seine Entscheidung sehr gewissenhaft und fundiert auf Basis ausführlicher Analysen trifft. Hierzu wird das Marketing stets mit einbezogen, welches die Verwendung und Nutzung der Immobilie ermittelt und in Aussicht stellt, so dass eine Vermarktung bereits vor Bau oder Kauf ansetzt.

Ebenso ist durch diese Vorgehensweise – wenn man es denn getrennt betrachtet – nicht nur das Vermarktungskonzept für die Ziele des Investors für das Hotelimmobilienprojekt dadurch allein erschaffen, auch die Vermarktung für den späteren Betrieb wird hier mit eingebunden, um eine auf den späteren Betrieb hin abgestimmte Immobilie zu erhalten.

In diesen Schritt der Entscheidungsfindung inklusive der Erstellung eines passgenauen Marketingkonzepts, dass er grundlegend auf vielen Faktoren beruhend beurteilt werden kann, fließt zudem

für gewöhnlich eine Risikobeurteilung mit ein, welche aus Investorensicht eine ganz elementare Rolle spielt.
So kann zusammenfassend beurteilt werden, dass bei der anfänglichen Einschätzung der potenziellen Erfolgsaussicht eines Hotelimmobilienprojekts die Entscheidung für einen bestimmten Standort in der Regel auf einer professionellen Vorgehensweise fußt, die sich weitestgehend mit der in der Wissenschaft geforderten deckt. Die Investoren, die sich hierfür im Normalfall geeigneter Experten bedienen, treffen ihre Kapitalanlage bzw. ihren Eigentumserwerb grundsätzlich auf Basis geeigneter Informationen, welche ihre Erfolgsaussichten vernünftig beurteilen lassen.
Hierzu zählt im Sinne des Themas dieser Arbeit auch, dass von Beginn an das Marketing berücksichtigt wird und mit einem geeigneten Marketingkonzept notwendigerweise bereits vor Projektbeginn der Immobilie bereits begonnen wird, da logischerweise die spätere Verwendung der Immobilie bereits – zumindest in einem gewissen Rahmen – feststeht.

Die Frage, die sich nun stellt, ist jedoch, ob hierdurch der profitable Betrieb im Sinne einer dauerhaften Rendite für den Kapitalgeber über die gesamte Lebensdauer erreicht werden kann. Denn nur so ist die gestellte Aufgabe einer verwendungsgerechten Vermarktung erfüllt.
Hier wurde grundsätzlich zunächst festgestellt, dass keineswegs mehr davon ausgegangen werden darf, dass für dieses sehr langlebige Wirtschaftgut dieselbe Nutzungsart über seinen gesamten Lebenszyklus hinweg bestehen wird. Hierzu entgegenstehend wurde für die Realität aufgezeigt, dass vielmehr heutzutage davon auszugehen ist, dass aufgrund einer Vielzahl von Einflussfaktoren sich die Verwendung sehr wahrscheinlich ändern wird – im Extremfall kann sich sogar ein anderer Immobilientyp für die optimale Nutzung des Standorts ergeben.

Dies führt dazu, dass bei der Planung des Immobilienneubaus oder auch dem Erwerb einer zu dem Zeitpunkt renditestarken Immobilie nicht mehr anzunehmen sein darf, dass diese Verwendung in der Form für die kommenden Jahrzehnte so Bestand haben kann. Allein der demografische Wandel im weiteren Zeitverlauf zeigt beispielsweise auf, dass Hotelimmobilien auch für spätere Umbauten und Umnutzungen flexibel sein sollten und bereits bei der ursprünglichen Planung diese Um- und Nachrüstbarkeit Berücksichtigung finden sollte.[369] Die zunehmenden Sättigungen von den relevanten Teilmärkten führen ebenso dazu, dass die Immobilien immer mehr den nutzerspezifischen Vorstellungen angepasst werden müssen und somit einem Wandel in der Verwendung unterliegen, sofern sie die optimale Rendite erwirtschaften sollen.[370]

Nun zeigen die hier ermittelten Ergebnisse auf, dass diese geforderte Flexibilität nicht immer erreicht wird und scheinbar auch im Widerspruch zu den sehr spezifisch ausgerichteten Marketingkonzepten zu stehen scheinen. Im Prinzip sind Hotelimmobilien eine sehr spezielle Form von Sonderimmobilien, deren Nutzung sehr stark festgelegt erscheint, weshalb eine anderweitige Ausrichtung nur mit erheblichem Kapitalaufwand in den meisten Fällen verbunden scheint. Dies führt zu der Überlegung, dass der Investor zwei Faktoren mit einzubeziehen hat: Zum einen wurde aufgezeigt, dass sich aufgrund veränderter Bedingungen der Zwang einer Umnutzung ergibt innerhalb der Lebensdauer. Dies führt zum anderen dazu, dass bei der Renditeberechnung zu berücksichtigen ist, dass sich die Amortisationsdauer nicht mehr an der Lebensdauer der Immobilie orientieren darf.[371] Der Gesamtlebenszyklus ist vielmehr zu untergliedern auf Basis der Hintergrundinfor-

---

[369] Vgl. 2012a, o. S.
[370] Vgl. Brauer, 2013, S. 45.
[371] Vgl. Brauer, 2013, S. 45.

mationen, dass die Hotelmärkte einem schnelleren Wandel zukünftig unterliegen. Gleichzeitig bedeutet dies, dass bei einer geplanten (Teil-)Umnutzung oder auch einem Immobilienkauf innerhalb dessen Lebenszyklus aufgrund der zu unterstellenden geringeren Teillebensdauer eine kürzere Amortisationszeit zu kalkulieren ist, was wiederum gleichbedeutend ist mit einer höheren Rendite pro Zeiteinheit, damit diese Investition als lohnenswert zu beurteilen ist.

Diese skizzierten unterschiedlichen Investitionsfälle führen zu dem Schluss, dass ein Marketing existieren muss, welches kontinuierlich entlang des Lebenszyklus der Immobilie begleitend arbeitet und sehr holistisch angelegt sein sollte.
Für die Praxis ist zu konstatieren, dass mindestens zu Beginn der „Investorentätigkeit“ ein sehr fundiertes und mit Fachwissen geprägtes Marketing für die Investorenseite für in der Regel eingesetzt wird, welches ein sehr spezifisches, passgenaues und damit für gewöhnlich auch auf diesen Verwendungszweck sehr erfolgversprechend ausgestaltetes Marketingkonzept gestaltet. Ebenso ist zu unterstellen, dass damit einhergehend für den Betrieb der Immobilie aus Marketingsicht die richtige Basis gelegt wird, welche durch ein Betreibermarketing weitergeführt wird. Diese beiden Marketingsegmente können in Zusammenarbeit in der Praxis geschehen, wie es bspw. oftmals bei Franchisenehmern im Rahmen der Kettenhotellerie anzunehmen ist.
Sehr fraglich ist allerdings, wie sehr auf die Zukunft diese Marketingkonzepte und die Tätigkeiten des Marketings ausgerichtet sind. Es ist der Eindruck, dass die grundlegenden Entscheidungen für ein Marketingkonzept eher auf Daten der Gegenwart und der kurzfristigen, näheren Zukunft beruhen, um für den jetzigen Zeitpunkt eine bestmögliche Vermarktung und damit verbundene Gewinnerzeileung zu erhalten.

Diese Einschätzung wird dadurch unterstützt, dass von Expertenseite vielfach darauf hingewiesen wird, dass während der Bauphase von Hotelprojekten keine größeren Verzögerungen entstehen dürfen, da es aufgrund von Zyklizitäten am Markt sonst passieren kann, dass die spätere Nachfrage nicht mehr vollumfänglich durch dieses Vorhaben erfüllt ist.[372] Zudem muss auch die Frage gestellt werden, inwieweit eine geforderte Flexibilität bei diesem hochgradig speziellen Immobilientypus grundsätzlich von Beginn an erfüllbar ist und wo Grenzen liegen.

Es ist somit zu konstatieren, dass ein Marketingkonzept für eine Hotelimmobilie immer spezifisch und ganz konkret auf eine Nutzung festgelegt sein muss. Der Ansatz, um auf Veränderungen zu reagieren, muss demzufolge ein anderer sein.
Dies wird im Folgenden aufgezeigt.

5.2.2 Erarbeitung geeigneter Ansätze zur Lösung der zukünftigen Herausforderungen

Die Schwierigkeit in der Erarbeitung geeigneter Lösungsansätze für ein Hotelimmobilienmarketing liegt in der zu berücksichtigenden Vielfalt der Konstellationen auf diesem Markt und der hiermit verbundenen großen Breite von Anforderungen an das Marketing. Nachfolgend wird deshalb auf den klassischen Schwerpunkt fokussiert, der darin liegt, dass ein potenzieller Investor sich für einen Standort entscheidet, hierfür eine Immobilie plant und errichten lässt in Zusammenarbeit mit den einschlägigen Akteuren, um sie im Anschluss grundsätzlich in seinem Investmentportfolio zu halten und über einen geeigneten Betreiber nutzen zu lassen. Ein Verkauf dieser Immobilie soll grundsätzlich zu jeder Zeit (logischerweise im Rahmen der geltenden Verträge und gesetzlichen

[372] Vgl. Bone-Winkel et al., 2008, S. 16 ff.

Regelungen) möglich sein, ebenso muss notfalls mit einer Neuvermarktung gerechnet werden, falls ein Betreiberwechsel zu vollziehen ist. Dies bedeutet als Zielstellung eine durchweg bestmögliche Renditeerzielung einerseits und andererseits die Erhaltung eine wertfördernden Attraktivität dieses Investments im Sinne einer marktgerechten Verwendungsmöglichkeit für die Fälle des Verkaufs und/oder des Findens eines anderen Betreibers.
Grundsätzlich spielen im Rahmen der Aufgaben des Immobilienmarketings auch für die Vermietung/ erpachtung des Objekts die Wahl der geeigneten Vertragsform in der Zusammenarbeit zwischen Eigentümer und Betreiber eine wichtige Rolle. Es muss nicht immer die gleiche Vertragsform für den speziellen Betrieb der Immobilie geeignet sein.[373] Somit ist auch diese gegebenenfalls beim Einsetzen eines Betreibers von Bedeutung. Dies soll an dieser Stelle erwähnt sein und findet sich andeutungsweise auch in der schematischen Darstellung der grundsätzlichen Marketinggestaltung (siehe Abbildung 13 weiter unten) wieder. Hierauf wird jedoch in den weiteren Ausführungen nicht weiter vertiefend eingegangen.

Reflektierend auf den ermittelten und hier dargelegten Stand in der Wissenschaft der Immobilienökonomie ist einleitend zu konstatieren, dass dieser Zweig der Immobilienwirtschaft sich nicht so differenziert mit dem zukunftsgerichteten Marketing speziell für die Hotelimmobilienlandschaft auseinandersetzt. Dies gilt insbesondere für die hier aufgezeigten Besonderheiten aufgrund der bestehenden Gliederung beteiligten Akteure in der Vermarktung von Hotelimmobilien, deren Verknüpfungen untereinander und deren zum Teil recht differenten Ansprüche an das Hotelimmobilienmarketing.

---

[373] Vgl. o.V., 2009, S. 10 ff.

Anzumerken ist hierbei, dass es „ein Hotelimmobilienmarketing" in Form einer Institution oder ähnlichem, wie es aus einer Organisationsform heraus gewohnt ist, hier nicht gibt. Vielmehr existiert diese Funktion in der Praxis – wie eingehend erläutert – meist separat, teilweise aber auch in Zusammenarbeit für die jeweiligen Akteure, wie z. B. ein Real Estate Marketingunternehmen in der Projektphase der Immobilienplanung, eine Marketingabteilung im Hotelbetrieb und gegebenenfalls im Rahmen der Investmentverwaltung ebenfalls ein Unternehmen, das im Auftrag des Eigentümers Marketingaufgaben wahrnimmt.
Diese Gegebenheiten machen in der Summe die hier behandelte Thematik zu einem sehr komplexen Konstrukt.

Das „klassische Marketing" des Immobilienmarketing vermag diese Problemstellung vor allem im Hinblick auf einige der zukünftigen Herausforderungen nicht zu lösen.
Deshalb wird an dieser Stelle ein Immobilienmarketing für Hotelimmobilienakteure vorgeschlagen, das zum einen nach dem Grundgedanken u. a. von *Ertle-Straub* sehr holistisch aufgefasst wird und zu diesem Zwecke im weitesten Sinne in Anlehnung nach *Pfnür und Kämpf-Dern* als wichtigstes Element des Immobilienmanagement von seinem Aufgaben- und Verantwortungsbereich auf diese Ebene „hoch gehoben" wird.[374]
Zum anderen wird die Überlegung eines proaktiven Immobilienmarketing als zentrale „Funktion" des Immobilienmanagements vorgestellt, welches Schnittstellenaufgaben eines in die Zukunft gerichteten Risikomanagements durch Elemente der Früherkennung inne hat.
Der Grundgedanke hierbei ist, dass die Anforderung an flexible Marketingkonzepte für Hotelimmobilien so nicht erfüllbar er-

[374] Vgl u.a. Kämpf-Dern (2009) und Kämpf-Dern/Pfnür (2009).

scheint, da sie das Problem quasi „auf der falschen Ebene anspricht". Zum einen ist die typischerweise vorliegende Trennung zwischen Investor und Betreiber hinderlich für die Erfüllung der gestellten Anforderungen. Zum anderen sind Marketingkonzepte für die Vermarktung und den Betrieb von Hotelimmobilien nun einmal notwendigerweise sehr spezifisch und sehr eng auf bestimmte Szenarien der Nutzung erstellt. Diese weisen zwar gewisse Bandbreiten und Flexibilitäten auf, wenn es zum Beispiel nur um die Zunahme oder die leichte Veränderung von Zielgruppen geht. Aber bei einer etwaigen kompletten Umnutzung der Immobilie ist u. U. ein komplett neues, wiederum maßgeschneidertes Marketingkonzept für die neue Nutzungsart zu erstellen, weshalb als „Adressat der Flexibilität" hier das Marketingmanagement gesehen wird. Dieses Management als Teil der Unternehmensführung darf seinerseits – nach der hier vertretenden Auffassung – dabei nicht nur „reagierend" tätig sein, sondern hat im modernen Verständnis eine proaktive Rolle einzunehmen, um seiner „echten" Managementfunktion gerecht zu werden und nicht nur unterstützend zu wirken.

Nachfolgend werden diese Überlegungen in zwei aufeinander aufbauenden Schritten erläuternd ausgeführt.

I) Der holistische Ansatz eines Immobilienmarketing für Hotelimmobilien:

Die modernere Immobilienökonomie geht für ein allgemeines Immobilienmarketing von einem Immobilienunternehmen aus bzw. fasst die Immobilie selbst als Unternehmen auf. Dieses Verständnis soll als Grundgedanke geteilt werden, um hieraus die folgende Vorgehensweise entstehen zu lassen.

Wie beschrieben wird das Immobilienmarketing für Hotelimmobilien als eine „Einheit" gesehen, welche alle Marketingmanage-

mentaktivitäten – ob sie nun in der Praxis der Eigentümer- bzw. Investorenseite zuzuordnen sind oder der Betreiberseite – beherbergt.
Dies geschieht aus der simplen Logik heraus, dass eine Hotelimmobilie sowohl schon während ihrer Planung als auch bei einer späteren Sanierung/Renovierung oder Umgestaltung im Rahmen der Marketingkonzeption das spätere Betreiberkonzept mit zu berücksichtigen hat. Diese Notwendigkeit wurde im Rahmen dieser Ausführungen ausführlich dargelegt. Demzufolge wird eine Zusammenarbeit zwischen Investor/Eigen-tümer und dem Betreiber gefordert und unterstellt. Tatsächlich können in der Praxis diese Formen des gemeinsamen Marketing auch beobachtet werden – auch wenn sie in vielen Fällen eher indirekt erfolgen (z. B. über Dritt-Unternehmen) oder ihren Schwerpunkt zu Beginn der Beziehungsknüpfung zwischen Eigentümer und Betreiber haben. Diese elementare Proklamation soll die hier vertretende Notwendigkeit verdeutlichen, dass ein Immobilienmarketing, dass primär die Ziele des Investors/Eigentümers vertritt, immer auch die Betreiberebene zu berücksichtigen hat. Dies hat nicht nur zu Beginn der Immobilienherstellung zu erfolgen, wie die weiteren Ausführungen zeigen werden.

Der zweite fundamentale Gedanke zur Entwicklung dieses nachfolgenden Ansatzes ist der holistische Gedanke, dass ein Marketing für Hotelimmobilien nicht als bloße Funktion aufgefasst werden kann.
Es wird auch hier die Notwendigkeit unterstellt, dass ein Marketing zumindest mit allen anderen Bereichen der Unternehmensführung verknüpft sein muss. Aber der hier vorgestellte Ansatz geht in dieser „Forderung“ noch weiter: Entgegen der in den Grundlagen herausgebildete, im Immobilienmarketing vorherrschende Ansatz des „Transaktionsorientierten Marketing“, bei dem das „Produkt“

und dessen Vermittlung im Vordergrund steht, wird nachfolgend von einer diesem Ansatz etwas abweichender Perspektive des „vollumfänglichen Kundenorientierten Marketing“ ausgegangen. Nach hier vertretender Meinung ist dieser Wechsel in der Marketingsichtweise – die keine komplette Abkehr von diesem Ansatz darstellt, da auch im Transaktionsorientierten Marketing die Vermarktung zur Findung eines Pächters bspw. im Fokus steht – notwendig, da die heutzutage und auch zukünftig vorzufindenden Gegebenheiten an den Märkten eine vollständige Ausrichtung des Marketing an den Nutzerwünschen und den Nachfragern erfordern (siehe hierzu auch die nachfolgenden Ausführungen unter Punkt II). Diese vollständige Fokussierung auf den Markt bzw. die jeweiligen Teilmärkte hebt das Marketing als originären Managementbereich, welcher sich um die Marktbelange des Unternehmens kümmert, in den Fokus des gesamten (Immobilien-)Managements des „Unternehmens“. Dies bedeutet, dass das Marketingmanagement den Schwerpunkt im Rahmen der Unternehmensführung einzunehmen hat. Diese zentrale Stellung des Marketing ist gleichzeitig ein weiterer „Baustein“ im Rahmen des holistischen Ansatzes, da das Immobilienmarketing als wichtigstes Element des gesamten Management folgerichtig mit den anderen Managementbereichen in Interaktion steht und Einfluss nimmt.
Diese Überlegungen liefern schließlich die Basis, damit das Immobilienmarketing flexibler durch eine größere Einflussnahme innerhalb des Unternehmens die zukünftigen Herausforderungen bewältigen kann.

Die nachfolgende Abbildung (siehe Abbildung 13 auf der folgenden Seite) greift diese eben beschriebenen grundsätzlichen Ausgangsüberlegungen auf und stellt sie noch einmal übersichtlich dar. Es ist quasi angedeutet, dass das Immobilienmarketing von einem Teilbereich des gesamten Managements durch die „Transparenz“ zur übergeordneten Ebene im Mittelpunkt des gesamten Immobilienmanagements und als dessen fester Bestandteil verstanden wird. Ebenso ist dargestellt, dass sich das Immobilienmarketing aus beiden Bausteinen – sowohl dem Marketing für die Immobilie als auch dem Marketing für den Hotelbetrieb – zusammensetzt und somit auch nicht nur die Zielstellung der Eigentümer/Investoren als alleinige Ausgangsbasis berücksichtigen soll. Diese beiden „Teilmarketingbereiche“ sollen zumindest im gegenseitigen Abgleich und Austausch stehen, um ein bestmögliches übergeordnetes Marketingkonzept und dessen Umsetzung zu gewährleisten.

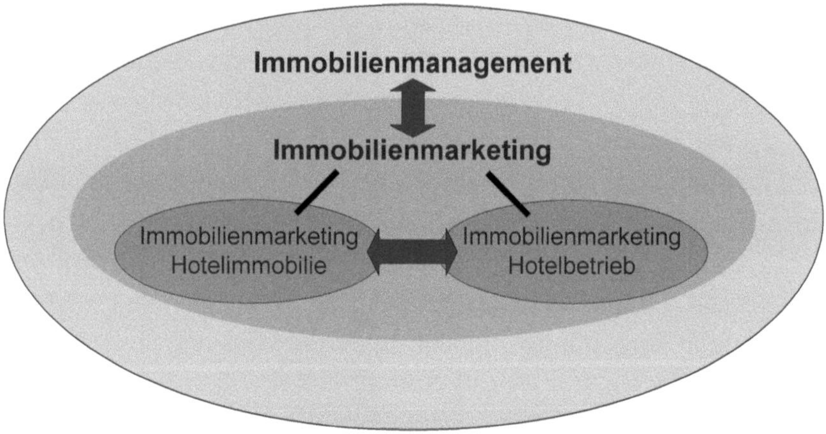

Abb. 13: *Der Ansatz des holistischen Hotelimmobilienmarketing als fester Teil des Immobilienmanagements*
Quelle: *eigene Darstellung*

Diese grundsätzliche Betrachtungsweise folgt demgemäß auch dem in den Grundlagen aufgeführten Modell des „dreieckigen Kontinuums“ der Immobilienmanagement mit seinen Perspektiven nach *Kämpf-Dern/Pfnür*, indem sich nach der hier vorgestellten Grundannahme eine „Gesamtunternehmen“ ergibt, welches verschiedene Akteure der gleichen Immobilie unter einem „Dach vereint“ und somit sehr wohl mehrere Perspektiven vertreten und auch managen kann. Dies wird als mehr oder weniger latente Kooperation begriffen, bei der zumindest auf vertraglicher Ebene Vereinbarungen zwischen Eigentümer/Investoren und dem Betreiber existieren. Im Extremfall des Eigenbetriebs inklusiver komplett eigenem Marketing fallen alle Bereiche in ein Unternehmen. Somit wird der holistische Ansatz des Immobilienmarketings im Bereich der Hotelimmobilien sowohl als intraorganisational zwischen Managementebenen innerhalb eines Unternehmens als auch als interorganisational zwischen den betreffenden Unternehmen aufgefasst.

II) Das proaktive Hotelimmobilienmarketing als Basis flexibler Marketingkonzepte:

Der zweite Schritt betrifft – nach der generellen Einordnung des Immobilienmarketing im Rahmen des gesamten Managements der beteiligten Unternehmen – die Ausrichtung und die Gestaltung des Marketingmanagements selbst hin zu einem proaktiven Marketing, um eine Basis vor allem für die geforderte Flexibilität zu stellen.
Die nachfolgende Abbildung (siehe Abbildung 14) zeigt den angedachten Aufbau und die Schwerpunkte eines solchen Immobilienmarketings für Hotelimmobilien schematisch auf:

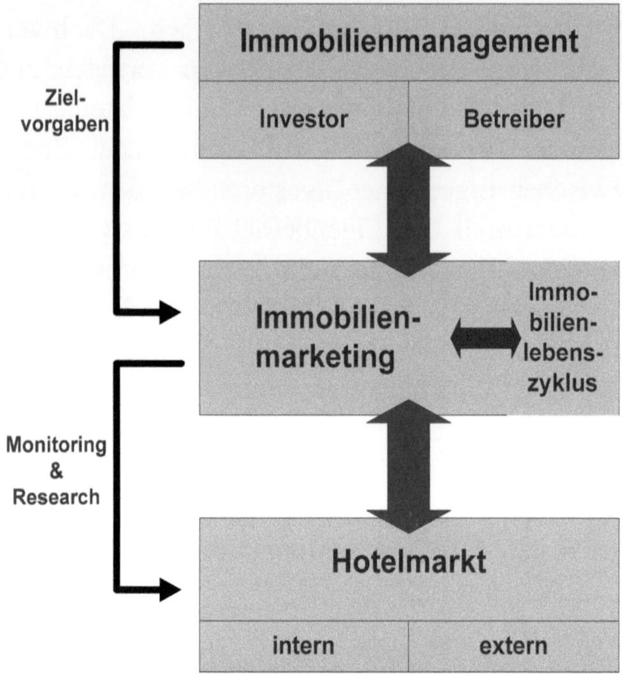

Abb. 14: *Schema eines proaktiven Hotelimmobilienmarketing als Basis flexibler Marketingkonzepte*
Quelle: *eigene Darstellung*

Zentrale Ausgangspunkte in diesem Marketingansatz sind wiederum zum einen, dass das Immobilienmarketing als ein holistischer Ansatz im zuvor beschriebenen Sinne zu betrachten ist, d. h. es fasst die Marketingbereiche der beteiligten Akteure/Unternehmen und deren Interessen zusammen und ist der Kern des Immobilienmanagements. Dies steht in Verbindung zur zweiten grundsätzlichen Ausgangslage: Die Berücksichtigung des und die vollständige Fokussierung auf das Marktgeschehen aller relevanter Märkte ist die wichtigste Managementperspektive, indem ein kunden- bzw. nachfragerorientierter Marketingansatz zu Grunde gelegt wird. Diese kundenorientierte Perspektive kann zudem noch untergliedert werden, wenn man wiederum den Schwerpunkt der Investoren bzw. Eigentümer innerhalb dieses gesamten Managementansatzes einnimmt. Dann ist es denkbar, aus Sicht der Investoren gegebenenfalls eine Unterscheidung von primären und sekundären Kunden vorzunehmen. Primärer Kunde bzw. die primäre Kundenperspektive ist aus ihrer Sicht der Betreiber/Pächter als originäres Ziel der Vermarktung der Immobilie oder im bestimmten Transaktionsfall auch der avisierte Käuferkreis für die Immobilie. Das sekundäre Kundensegment ist nach dieser Vorgehensweise das Kundenpotenzial des Hotelbetreibers – normalerweise die unterschiedlichen Gästezielgruppen für die Hoteldienstleistung. Dass diese im Rahmen des gesamten Marketingkonzepts aus Eigentümer-/Investorensicht ebenfalls bedeutsam ist, wurde hier ausführlich diskutiert.

Das Immobilienmarketing ist nach diesem Ansatz grundsätzlich in dem vorgestellten Einklang mit dem Lebenszyklus der Immobilie auszurichten, darauf abzustimmen und hierzu zu sehen. Dies bildet das Herzstück der Marketingkonzeption.
Die Unternehmensführung gibt die Zielvorgaben und damit die Basis für die Marketinggestaltung vor. Auch hier ist wieder ausgeführt, dass sowohl die Zielstellungen der Investoren als auch der Betreiber typischerweise in die Marketingkonzepte einfließen.
Der aufgeführte Fokus auf den Hotelmarkt bzw. seine Teilmärkte ist zum einen in dem Schema durch die gegenseitige Einflussnahme dargestellt – das „Immobilienunternehmen“ bzw. „seine“ Akteure agieren selbst am Markt im Rahmen ihrer konsequenten kundenorientierten Ausrichtung und sind Teil dessen, umgekehrt beeinflussen Wettbewerber und Nachfrager bspw. direkt die Aktivitäten des Marketings – und als weiteres erhält das Marketing die Aufgaben, die relevanten Märkte ständig und systematisch zu ana-

lysieren und zu untersuchen (Research) sowie zu beobachten (Monitoring). Dies sollte im Idealfall so geschehen, dass auf zukünftige potenzielle Entwicklungen fokussiert wird. Dadurch erhalten diese Aktivitäten einen Früherkennungscharakter, welcher zum einen als Teil eines Risikomanagements angesehen werden kann und welcher zudem auch wertvolle Erkenntnisse über Chancen liefert. Diese vom Marketingmanagement auf den Markt ausgerichteten Aktivitäten werden ergänzt durch einen „reaktiven" Input, der sich durch Impulse am Markt ergibt und das „klassische Reagieren" des Marketingmanagements auf Veränderungen am Markt darstellen soll, dem es sich nicht verschließen kann. Der „Markt" wird noch einmal unterteilt in mögliche intern einzuordnende Segmente und deren Veränderungen sowie in externe. Der interne Bereich umfasst alles, was direkt im Markt entsteht bzw. mit ihm zu tun hat. Der „externe Bereich" soll andeuten, dass es ebenso wichtig ist, indirekte, eher aus dem Marktumfeld kommende Einflüsse im Blickfeld zu haben. Dies sind z. B. die angesprochenen Veränderungen in den politischen Rahmenbedingungen, die den Markt sehr wohl tangieren und ihn manipulieren können.
Die wichtigste Aufgabe, die einem proaktiven Marketingmanagement in diesem Ansatz zukommt, ist es, nicht erst zu reagieren, wenn der Impuls entweder vom Markt Veränderungen in der Marketingausrichtung unabdingbar macht oder auch wenn von Investoren- und/oder Betreiberseite einer Veränderung der konzeptionellen Ausrichtung gewünscht ist. Die hierbei zugedachte Aufgabe ist es, auf Basis der gewonnen Informationen durch das Research und Monitoring der Märkte den Eigentümern/Investoren und den Betreibern proaktiven Input zu liefern und Vorschläge zu machen, wie das Marketingkonzept frühzeitig auf zukünftig zu erwartende Entwicklungen ausgerichtet und abgeändert werden kann. Auch die Ausgestaltung des Konzepts wird durch eine noch bessere und ständige Aktualisierung der Marktkenntnisse weiter unterstützt.

Dies kommt z. B. der Nischenpositionierung zugute oder auch der Ausgestaltung von Marken. Mit dieser konsequenten Kundenorientierung und Marktfokussierung einhergehend sollte eine Schwerpunktsetzung auf kommunikationspolitische Marketingmaßnahmen erfolgen, um diese Ausrichtung zu unterstützen. Die Notwendigkeit und Vorteilhaftigkeit im Kommunikationsbereich wurde weiter oben hierzu bereits angesprochen.
Diese Orientierung hat zudem als weiteren Effekt quasi die ständige „Auffrischung" der Zielgruppenanalysen, welchen im Rahmen des anfänglichen Market Research ebenfalls eine hohe Bedeutung zugeordnet wurde.

Das Marketingkonzept bleibt insgesamt betrachtet somit immer spezifisch auf die aktuelle Ausrichtung gestaltet, die geforderte Flexibilität wird aber gewährleistet durch das zu Grunde liegende Management, welches aufgrund seiner hohen Ansiedelung innerhalb des Gesamtmanagements auch entsprechende Einwirkungsmöglichkeiten inne hat.
Zudem können kleinere Anpassungen und Korrekturen des aktuellen Konzeptes durch das ständige Überprüfen und Hinterfragen der aktuellen Ausrichtung auf ihren maximalen Nutzen hin durch das Immobilienmarketing mit vollem und ständigem Blick auf den Markt leichter erfolgen und vorgenommen werden.

Trotz all dieser Installationen und Ausgestaltungen des Marketing werden dennoch hier weiterhin klare Grenzen existieren.
Hier wird als Synonym die Eingrenzung „Strategie folgt Stein" aufgeworfen.
Dies bedeutet, dass ein Marketingmanagement zwar umfänglich potenzielle Entwicklungstendenzen am Markt ermitteln kann, dennoch werden dem Marketingkonzept bzw. der strategischen Aus-

richtung Grenzen gesetzt sein, was die Verwendbarkeit der Immobilie betrifft und welche Nutzung diese „erlaubt".
Dies trifft genau die konträre Ausrichtungen, die weiterhin existiert, zwischen „Flexibilität versus Spezialisierung".
Für eine komplette Umnutzung der Immobilie werden demnach nicht nur konzeptionelle Veränderungen in der Vermarktung und dem Betrieb notwendig, sondern auch bauliche Veränderungen bis hin zu einer Begrenzung aufgrund des Standorts oder der finanziellen Mittel bzw. der Sinnhaftigkeit.
Aber es ist festzuhalten, dass derartige Überlegungen bspw. der kompletten Umnutzung durch Impulse des Marketingmanagements aufgrund ihrer proaktiven Tätigkeiten möglicherweise auch erst in das Blickfeld der Unternehmensführung gebracht werden. Ob diese dann tatsächlich durchführbar sind, ist dann im Rahmen anderer, zusätzlicher Analysen zu beurteilen. Demzufolge ist diese Ausgestaltung des Marketingmanagements sehr wertvoll für die umfängliche und breite Entscheidungsfindung der Unternehmensführung.

In diesem insgesamt beschriebenen Gesamtausgestaltungsrahmen wird dem Immobilienmarketing eine nachhaltige Ausrichtung zugeschrieben. Dabei unterstützt das Marketing selbst die nachhaltige Unternehmensausrichtung durch einen optimalen und dauerhaften Ressourceneinsatz des „Immobilienunternehmens", indem die Kernaufgabe die Sicherstellung der gemeinsamen Zielerreichung ist.
Unterstützung sollte das Marketing bei all seinen Aktivitäten durch ein geeignetes Marketingcontrolling erfahren.
Auch die Vermarktung wird durch diese Marketingausrichtung in eine nachhaltige Orientierung gebracht. Hier kann die Nachhaltigkeit in dem Aufbau und der Pflege von nachhaltigen Kundenbeziehungen gesehen werden, um auch hieraus einen größtmöglichen

Nutzen für die beteiligten Akteure zu erzielen. Unterstützt wird diese Ausrichtung durch die Anwendung der angesprochenen geeigneten Kommunikationsinstrumente.

Insgesamt wird in der Praxis zusammenfassend für eine bestmögliche Hotelimmobilienvermarktung und damit -renditeerzielung angeführt, dass letztendlich alle Faktoren zueinander passen müssen: sowohl Standortwahl, das Konzept, der Betreiber als auch das Zusammenspiel zwischen Investor/Eigentümer und Betreiber. Dieser Marketingansatz berücksichtigt hierbei grundsätzlich alle wichtigen Facetten der Hotelimmobilie.

5.2.3 Beurteilung der vorgestellten Ansätze durch den Einbezug der Fallstudie

An dieser Stelle erfolgt eine abschließende Beurteilung der zuvor aufgeworfenen Ansätze für die Gestaltung des Marketing für Hotelimmobilien.
Hierzu lässt sich zunächst die in Kapitel 4 vorgestellte fiktive Fallstudie heranziehen.

Die Fallstudie wurde als Musterfall für den Hotelimmobilienerwerb und -betrieb geschaffen. Mittels eines soliden und guten Marketings lässt sich auch mit den bisher bekannten Maßnahmen die anfängliche Forderung des Investors erfüllen, sowohl einen geeigneten Standort zu finden und hierfür das passende Marketingkonzept zu entwickeln, das seine Markenevolution ebenso berücksichtigt wie die angestrebte Qualität, als auch einen für die Folgezeit geeigneten Betreiber. Dieser wird mit Sicherheit schon bei dem Kauf bzw. der Planung der Hotelimmobilie zumindest in der Auswahl stehen und mit einbezogen. Soweit ist dieses Vorhaben deckungsgleich mit der bisherigen Immobilienmarketingarchitektur.

Die Anforderung, von vornherein eine größtmögliche Flexibilität zu erhalten, um für die gesamte Lebensdauer der Immobilie quasi für alle auftretenden eventuellen Szenarien gerüstet zu sein, kann mit Sicherheit nicht erfüllt werden.

Wie beschrieben, bestehen gewisse Grenzen. Was in diesem Zusammenhang jedoch denkbar ist, ist die vorherstehend vorgestellte Vorgehensweise zu wählen und ein in die Zukunft gerichtetes Research bereits vor Investitionsentscheid anzusetzen, um die potenziellen Entwicklungen speziell auch für die lokalen und regionalen Standort detailliert aufzuspüren, aber auch den Blick auf die internationale Entwicklung zu richten.

So können grundsätzliche Anforderungen an die Immobilie gestellt werden, die es zu berücksichtigen gilt und um sich beispielsweise hierdurch von vornherein die Flexibilität offen zu halten, dass statt des Markenhotelbetriebs in dem gewählten Segment das Objekt mit einigen Veränderungen auch dafür geeignet ist, in eine Seniorenresidenz umgewandelt zu werden. Oder aber es ist denkbar, dass Trends bereits aufgegriffen werden, obwohl zum jetzigen Zeitpunkt noch keine wirkliche Nachfrage besteht, hierzu die Analysen jedoch ergeben, dass diese Entwicklung und die damit verbundenen Zielgruppen mit großer Sicherheit in einigen Jahren auftreten werden. Hier ist beispielsweise ein Trend im Bereich der physischen Barrierefreiheit für das komplette Gebäude oder im Segment „Gesundheit“ denkbar, dessen Umsetzung bzw. Einbezug zum heutigen Zeitpunkt keine gravierenden Nachteile, dafür in einigen Jahren eventuell entscheidende Vorteile bringt.

Dies bedeutet, dass zu Beginn bereits durch eine fundierte und auf die zukünftige Entwicklung ausgerichtete Analyse hilft, der Anforderung der Flexibilität nachzukommen.

Dennoch – und das ist an dieser Stelle wiederum zu betonen – ist die gestellte Anforderung nicht an den „richtigen Adressaten“ gestellt: Das Marketingkonzept wird spezifisch auf das aktuell zu

vermarktende Objekt mit den aktuellen Zielgruppen bestmöglich entwickelt. Somit ist die Forderung nach Flexibilität wiederum an das Marketingmanagement zu richten.
Ebenso ist auch hier wiederum anzumerken, dass physische Grenzen im Sinne von „Strategie folgt Stein“ gegeben sind.
Dennoch muss der Investor, der weiß, dass die Lebensdauer einer Nutzungsphase der Immobilie heutzutage nicht mehr deckungsgleich ist mit der gesamten Lebensdauer des Objekts, deshalb in der heutigen Zeit und auch zukünftig umso mehr eine Renditemaximierung als Zielstellung haben, da er seine Investitionen aufgrund dieser Tatsache schneller amortisieren muss. Dies bedeutet auch, dass größere Umbauten und die damit verbundenen Kosten im Verlauf der Immobiliennutzung diese Rendite erheblich beeinflussen müssen. Deshalb muss er schon zu Beginn möglichst präzise Kenntnis über die Verwendung des Objekts während des Lebenszyklus gewinnen und nach Möglichkeit Alternativen in der Nutzung bereits schaffen, um über den Zeitverlauf Kosten hierdurch zu sparen. Dies spricht wiederum für ein hochprofessionelles Marketing, das proaktiv von Beginn an eine Schlüsselstellung im Immobilienmanagement einnimmt.
Gleichbedeutend mit einer größtmöglichen Flexibilität über die gesamte Nutzungsdauer ist aber auch nach diesen Überlegungen, dass die Anfangsinvestitionen höher ausfallen können, was somit das Risiko des Investors erhöht. Dies gilt es aus Investorensicht mit seiner vorherrschenden Haltung zur Risikovermeidung abzuwägen. Dem gegenübergestellt steht zum einen der höhere Wert der Immobilie und der damit verbundene höhere Verkaufswert als auch zum anderen eine dann eher wieder langfristige Blickweise, da dieses Eingehen von Flexibilität nur Sinn macht, wenn die Immobilie eben nicht – trotz allgemeinem Paradigmenwechsel – als kurzlebigeres Anlageobjekt gesehen wird.

Insgesamt ist zu konstatieren, dass dieser Ansatz zu einem holistischen, proaktiven Marketing aus einer wissenschaftstheoretischen Sichtweise heraus entwickelt ist.
Kritisch ist die tatsächliche vollumfängliche Umsetzung dessen in der Praxis zu sehen.
Es wird von einem „Immobilienunternehmen" ausgegangen, welches als Konstrukt die beteiligten Akteure in einer festen Zusammenarbeit sieht. Individuelle Interessen werden dem gemeinsamen Ziel und einer gemeinsamen Ausrichtung untergeordnet. Auch diese Annahme ist für die Praxis als kritisch anzusehen. Dennoch darf grundsätzlich davon ausgegangen werden, dass sowohl Investor bzw. Eigentümer der Hotelimmobilie als auch der Betreiber trotz der Vielzahl der unterschiedlichen Vertragsbeziehungen und -gestaltungen in der betriebswirtschaftlichen Praxis ein gewisses Bewusstsein haben, das auch die Interessen des Partners berücksichtigt, welches in der gemeinsamen Rendite- bzw. Gewinnerzeilung liegt.
Jedoch existiert auf keine Fall immer ein gemeinsames, einheitliches Marketingmanagement.

Unbestritten bleibt trotzdem die Ansicht, dass das Marketingmanagement die beste Unterstützung für die jeweilige Unternehmensführung liefert, wenn es in der skizzierten Form ausgestaltet ist und eine proaktive Grundhaltung annimmt.
Definitiv müssen sowohl Investor/Eigentümer aus einer eher strategischen Sichtweise als auch Betreiber aus eher taktischen und operativen Beweggründen heraus die zukünftigen Marktentwicklungen und die Veränderungen im gesamten Umfeld immer stärker berücksichtigen, da der Wettbewerb – nicht zuletzt auch wegen der weiter voranschreitenden Globalisierung – sich weiter verschärft.
Kleinere Anbieter am Markt müssen deshalb innovative Konzepte besitzen, gegebenenfalls Nischen am Markt besetzen, um sich

gegen die Ketten- und Markenhotellerie zu behaupten. Hier ist es sehr hilfreich, proaktiv Entwicklungen aufzuspüren und eine gewisse Flexibilität zu unterstützen.
Somit wird die Meinung vertreten, dass ein ständiges beobachten des Marktes eine sehr hohe Relevanz besitzt, um nicht nur zu reagieren.

Dieser hier vorgestellte Ansatz ist somit als ein ideeller Zustand eines Marketingmanagements anzusehen, das bestmöglich die geforderte Zielstellung erfüllt. Jedoch ist er mit den in der Praxis am Hotelimmobilienmarkt existenten Konstellationen der Akteure vielfach wahrscheinlich nicht so in der Art aus den dargelegten Gründen identisch umsetzbar, auch aufgrund des hier vorgenommenen theoretischen Konstrukts des „Hotelimmobilienunternehmens“. Somit wird die Machbarkeit des vorgeschlagenen Ansatzes als eher kritisch gesehen, wenngleich Teile sehr wohl angewendet werden können. Hierzu zählen z. B. eine stärke Kunden- und Marktfokussierung des jeweiligen Managements, eine stärkere Orientierung am Lebenszyklus der Immobilie und dadurch eine individuellere Herangehensweise und schließlich vor allem eine proaktivere Ausrichtung des jeweiligen Marketingmanagements.

6 Fazit

Die vorliegende wissenschaftliche Arbeit setzte sich mit der Thematik von Marketingkonzepten im Touristikimmobilienbereich, speziell im Hotelimmobilienmarkt, auseinander.
Hierfür wurde insbesondere untersucht, welche Anforderungen zukünftig auf das Immobilienmarketing zukommen, um eine erfolgreiche Vermarktung dieser Wirtschaftsgüter ermöglichen zu können.
Es wurde eingangs die Behauptung aufgeworfen, dass an Marketingkonzepte zukünftig gerade von Seiten der Investoren die Forderung gestellt wird, dass diese sehr flexibel sind, um den sich ändernden Bedingungen am Markt Rechnung tragen zu können und eine durchgängige Vermarktung in der gesamten Lebensdauer zu gewährleisten.
Die Zielstellung dieser vorliegenden wissenschaftlichen Arbeit war demnach, diese spezifischen, flexiblen und auch als innovativ einzustufenden Marketingkonzepte für den gewählten Bereich der Touristikimmobilienwirtschaft zu identifizieren und darzustellen. Darüber hinaus sollte überprüft werden, ob die tatsächlich im Bereich des Immobilienmarketing in der Praxis vorherrschende Vorgehensweise geeignet ist, um die zukünftigen Herausforderungen bewältigen zu können.

Aus den im Rahmen des mehrstufigen Untersuchungsgangs festgestellten Anforderungen und den bestehenden „Lücken" des derzeitigen Marketings wurde ein theoretischer Ansatz als Kernstück dieser Arbeit entwickelt, der die wesentlichen Herausforderungen bewältigen kann.
Hierbei wurde als Ergebnis ein proaktives, holistisches Marketingmanagement präsentiert, welche auf die Zukunft gerichtet die Anspruchsgruppen der Hotelimmobilie wesentlich in ihrer Zielerreichung unterstützen kann.

Es ist dabei grundsätzlich festgestellt worden, wie komplex die Strukturen im Bereich der Hotelimmobilien sind, welche diese Immobilie wahrlich zu einer Sonderform zusätzlich erheben.
Das Immobilienmarketing ist grundsätzlich aus Sicht der Investoren bzw. Eigentümer der Hotelimmobilie zu sehen und entlang deren Lebenszyklus auszurichten, wodurch allein schon vielfältige Aufgaben auf diesen Bereich zukommen. Jedoch können diese Belange nicht isoliert betrachtet werden, da im Normalfall wenigstens ein weiterer Akteur, der Hotelbetreiber, eine wesentliche Rolle in diesem Vermarktungsprozess spielt.
Somit sind die Aufgaben eines Immobilienmarketings und damit auch die Ausgestaltung geeigneter Marketingkonzepte immer im Zusammenspiel dieser Akteure zu sehen.
Dies wurde in dem präsentierten theoretischen Ansatz zur Ausgestaltung eines geeigneten Marketingmanagements für Hotelimmobilien durch den „Kunstgriff" berücksichtigt, hieraus in der Betrachtung diese Akteure zu einem „Immobilienunternehmen" zusammenzuziehen, welches ein Gesamtimmobilienmanagement besitzt.

Trotz dieser eher theoretischen Ergebnisse wurde insgesamt anhand dieser wissenschaftlichen Untersuchung sehr deutlich, dass bereits heutzutage und noch vermehrt in den kurz- bis langfristigen Zukunft eine ganze Reihe von Veränderungen am deutschen sowie auch am internationalen Hotelmarkt auf die Hotelimmobilien und deren Akteure zukommt, weshalb die Rolle eines professionellen und anspruchsvollen Immobilienmarketings weiter zunimmt.
Diese Entwicklungen „äußern" sich direkt bei der Hotelimmobilie vor allem dadurch, dass sich ihr Lebenszyklus verändern wird. Eine Hotelimmobilie wird in den meisten Fällen aufgrund von Veränderungen am Markt im Laufe ihrer Existenz verschiedenen Verwendungen unterliegen und Umnutzungen erfahren, sofern

eine optimale Renditeerwirtschaftung mit diesem Wirtschaft erzielt werden soll. Dies bedeutet für das mit dieser Immobilienform in Verbindung stehende Marketingkonzept, dass es im kleineren als auch im größeren Umfang für die jeweilige optimale Vermarktung unter Zugrundelegung der jeweiligen Nutzungsart anzupassen bzw. grundlegend zu entwickeln ist.

Dies führt auch zu der Erkenntnis, dass zwar die Marketingkonzepte im gewissen Sinne eine geforderte Flexibilität erfüllen müssen, aber diese Flexibilität eher dem Marketingmanagement als wichtigster Bestandteil des gesamten Immobilienmanagements zuzurechnen ist, da das jeweilige Konzept immer spezifisch auf die geplante konkrete Verwendung der Immobilie in dem Teilabschnitt ihres Lebenszyklus zugeschnitten werden muss.

Trotz aller „spannenden“ Entwicklungen und zukünftigen Thematiken, wie z. B. den vorgestellten „Mixed Use“ der Hotelimmobilie ist auch als Ergebnis festzuhalten, dass der Verwendung der Hotelimmobilie physische wie auch finanzielle Grenzen gesetzt sind, welche sich aus dem Standort, dem Grundstück und auch der erstmaligen Errichtung ergeben. Dieses wurde mit der Begrifflichkeit „Strategie folgt Stein“ umschrieben.
Ebenso wird es immer einen mehr oder minder großen Konflikt zwischen einerseits geforderter maximaler Flexibilität gegen eine andererseits notwendige festzulegende Spezialisierung geben.

Unbestritten ist jedoch, dass aufgrund der weiter zunehmenden Verschärfung des Wettbewerbs und den aufgezeigten potenziellen Entwicklungen, es immer notwendiger wird, den Blick auf den Markt derart zu richten, um frühzeitig die sich andeutenden Veränderungen aufgreifen und darauf konzeptionell eingehen zu können.

Das Immobilienmarketing kann hierbei ein wesentlicher Erfolgsfaktor sowohl für Investoren/Eigentümer als auch Betreiber sein, wenn gewisse Ausrichtungen Berücksichtigung finden.

Literaturverzeichnis

Bär, S. (2006): Ganzheitliches Tourismus-Marketing – Die Gestaltung regionaler Kooperationsbeziehungen, Wiesbaden, zugl. Diss. 2005.

Bauer, H. H. / Stockburger, g. / Hammerschmidt, H. (2006): Marketing Performance, Wiesbaden.

Becker, J. (2013): Marketing-Konzeption: Grundlagen des zielstrategischen und operativen Marketing-Managements, 10., überarbeitete und erweiterte Auflage, München.

Bletschacher, P. A. (1994): Hotels, Ferienzentren und Boardinghouses, in Falk, B. (Hrsg.): Gewerbe-Immobilien, 6. Auflage, Landsberg/Lech, S. 55-78.

Blüml, A. (2014): Immobilienwirtschaftliche Investmentstile – Eine theoretische und empirische Untersuchung am Beispiel der Präferenzstrukturen institutioneller Immobilieninvestoren, Schriften zu Immobilienökonomie und Immobilienrecht, Band 73, International Real Estate Business School (hrsg.), Regensburg, zugl. Diss.

Bobber, M. / Brade, K. H. (2008): Immobilienmarketing, in: Schulte, K.-W. (Hrsg.): Immobilienökonomie, Band I – Betriebswirtschaftliche Grundlagen, 4. Auflage, München – Wien, S. 581-644.

Bolliger, R. H. / Ruhstaller, B. (2004): Immobilienmarketing – Mehrwert für Liegenschaften, 5. Auflage, Glattpark.

Bone-Winkel, S. / Schulte, K.-W. / Focke, C. (2008): Begriff und Besonderheiten der Immobilie als Wirtschaftsgut, in: Schulte,

K.-W. (Hrsg.): Immobilienökonomie, Band I – Betriebswirtschaftliche Grundlagen, 4. Auflage, München – Wien, S. 3-25.

Brade, K. H. (1998): Strategischer Marketingplanungsprozess für Büroimmobilien: Anwendung der Kausalanalyse zur Erforschung des Mieterverhaltens, erschienen in: Schulte, K.-H. (Hrsg.): Schriften zur Immobilienökonomie, Band 7, Köln.

Brade, K. H. / Bobber, M. / Schmitt, A. / Sturm, V. (2008): Immobilienmarketing, in: Schulte, K.-W. (Hrsg.): Immobilienökonomie, Band I – Betriebswirtschaftliche Grundlagen, 4. Auflage, München – Wien, S. 713-777.

Brauer, K.-U. (2013): Einführung in die Immobilienwirtschaft, in: Brauer, K.-U. (Hrsg.): Grundlagen der Immobilienwirtschaft: Recht – Steuern – Marketing – Finanzierung – Bestandsmanagement – Projektentwicklung, 8. Auflage, Wiesbaden, S. 1-58.

Bruhn, M. (2012): Marketing: Grundlagen für Studium und Praxis, 11. Auflage, Wiesbaden.

Bruss, S. / Quade, S. (2008): Erfolgsfaktor Immobilienmarketing – Eine Zusatzqualifikation für Architekten, Hamburg.

Buer, C. (2007): Kennziffern und Besonderheiten von Hotelimmobilien, in: Frehse, J. / Weiermair, K. (Hrsg.): Hotel Real Estate Management, Berlin, S. 37-56.

Burmann, C. / Meffert, H. / Koers, S. (2005): Stellenwert und Gegenstand des Markenmanagements, in. Meffert, H. / Burmann, C. / Koers, S. (Hrsg.): Markenmanagement – Identitätsorientierte Markenführung und praktische Umsetzung, Wiesbaden, S. 3-18.

Ernst, J. (2010): Generierung und Umsetzung von Objektstrategien und Objektbusinessplänen im Immobilien Investment Management, Zürich.

Ertle-Straub, S. (2003): Standortanalyse für Büroimmobilien, Reihe: Immobilienmanagement, Band 4, Hrsg.: Pelzl, W., Institut für Immobilienmanagement der Wirtschaftswissenschaftlichen Fakultät der Universität Leipzig, Norderstedt, zugl. Diss.

Ertle-Straub, S. (2013): Immobilienmarketing, in: Brauer, K.-U. (Hrsg.): Grundlagen der Immobilienwirtschaft: Recht – Steuern – Marketing – Finanzierung – Bestandsmanagement – Projektentwicklung, 8. Auflage, Wiesbaden, S. 397-434.

Falk, B. (1997): Immobilien-Marketing, in: Falk, B. (Hrsg.): Das große Handbuch Immobilien-Marketing, Landsberg/Lech.

Frehse, J. (2006): Erfolgsfaktoren im internationalen Markenmanagement von Hotelunternehmen – Ein integrativer Ansatz unter Berücksichtigung der Ressourcenorientierung, in: GfK – Gesellschaft für Konsumforschung (Hrsg.): Jahrbuch der Absatz- und Verbrauchsforschung, Ausgabe 2/2006, S. 140-154.

Freyer, W. (2001): Tourismus-Marketing. Marktorientiertes Management im Mikro- und Makrobereich der Tourismuswirtschaft, 3., überarbeitete Auflage, München.

Freyer, W. (2008): Tourismus als Beitrag zum Destinations- und Standort-Marketing: von „harten" und „weichen" Faktoren, in: Freyer, W. / Naumann, M. / Schuler, A. (Hrsg.): Standortfaktor Tourismus und Wissenschaft – Herausforderungen und Chancen für Destinationen, Berlin, S. 39-58.

Funk, M. / Kohlmaier, K. / Kothbauer, C. / Volk, B. (2003): Immobilien-Lexikon Österreich, Edition ÖVI Immobilienökonomie, Wien.

Gardini, M. A. (2004): Marketing-Management in der Hotellerie, München.

Gewald, S. (2001): Hotel-Controlling, 2. Auflage, München.

Glatte, T. (2014): Entwicklung betrieblicher Immobilien. Beschaffung und Verwertung von Immobilien im Corporate Real Estate Management, Wiesbaden.

Gubler, R. E. / Möller, C. (2006): Standortmarketing: Konzeption, Organisation und Umsetzung, Bern.

Hänssler, K.H. (2011): Management in der Hotellerie und Gastronomie: Betriebswirtschaftliche Grundlagen, 8. Auflage, München.

Heinrich, N. (2006): Entwicklung von Parametern zur Risikobewertung für Projektentwicklungen auf brachgefallenen Flächen – am Beispiel freizeitlich orientierter Projekte, Schriftenreihe Bauwirtschaft, FB I Forschung, Kassel, zugl. Diss.

Hemmen, J. (2011): Ansätze zur Quantifizierung des Immobilien-Erfolgs für den Schweizer Wohnungsimmobilienmarkt, Zürich.

Henschel, K. (2008): Hotelmanagement, 3. Auflage, München.

Hopfgartner, A. (2003): Immobilienmarketing, Wien.

Hoyer, M. (2014): Die Bedeutung digitaler Medien und Kommunikation bei der Vermarktung von Immobilienprojekten, erschienen in: Wiegand, D. (Hrsg.): Internationale Studien zum Real Estate Development, Institut für Städtebau, Landschaftsarchitektur und entwerfen, Fachbereich Projektentwicklung + Projektmanagement, Technische Universität Wien.

Isenhöfer, B. / Väth, A. / Hofmann, P. (2008): Immobilienanalyse, in: Schulte, K.-W. (Hrsg.): Immobilienökonomie, Band I – Betriebswirtschaftliche Grundlagen, 4. Auflage, München – Wien, S. 391-452.

Kämpf-Dern, A. / Pfnür, A. (2009): Grundkonzepte des Immobilienmanagements. Ein Vorschlag zur Strukturierung immobilienwirtschaftlicher Managementaufgaben, in: Pfnür, A. (Hrsg.): Arbeitspapiere zur immobilienwirtschaftlichen Forschung und Praxis, Band Nr. 14 der Universität Darmstadt.

Kämpf-Dern, A. (2009): Immobilienwirtschaftliche Managementebenen und -aufgaben. Definitions- und Leistungskatalog des Immobilienmanagements, in: Pfnür, A. (Hrsg.): Arbeitspapiere zur immobilienwirtschaftlichen Forschung und Praxis, Band Nr. 15 der Universität Darmstadt.

Käßer-Pawelka, G. (2001): Immobilien-Marketing, in: Gondring, H. / Lammel, E. (Hrsg.): Handbuch Immobilienwirtschaft, Wiesbaden, S. 941-1002.

Kirsch, J. / Müllerschön, B. (1996): Marketing kompakt, 2. Auflage, Berlin.

Kotler, P. / Bliemel, F. (2001): Marketing-Management: Analyse, Planung und Verwirklichung, Band 1, 10. Auflage, Stuttgart.

Matar, E. (2014): Immobilienvermarktung durch Kommunikationsmaßnahmen – Erfolgsfaktoren der integrierten Kommunikation, Hamburg.

Meffert, H. (2012): Marketing: Grundlagen marktorientierter Unternehmensführung; Konzepte, Instrumente, Praxisbeispiele, 11., überarbeitete und erweiterte Auflage, Wiesbaden.

Meffert, H. / Burmann, C. / Kirchgeorg, M. (2008): Marketing – Grundlagen marktorientierter Unternehmensführung – Konzepte – Instrumente - Praxisbeispiele, 10., vollständig überarbeitete und erweiterte Auflage, Wiesbaden.

Morell, U. (2005): Marketingfahrplan – Analyse und Zielbestimmung, in: Jäger, F. P. (Hrsg.): Offensive Architektur – Präsentation, Public Relations und Marketing für Architekten, Berlin, S. 23-37.

Nagel, C. (1993): Strategische Unternehmensberatung, Bern.

Niemeyer, M. (2002): Hotel-Projektentwicklung, in: Schulte, K.-W. / Bone-Winkel, S. (Hrsg.): Handbuch Immobilien-Projektentwicklung, Köln.

o. V. (2004): TREUGAST Trendgutachten Hospitality 2004 / 2005, TREUGAST Unternehmensberatung GmbH, (Hrsg.), München.

o. V. (2009): Hotellerie und Gastronomie in Deutschland – Jahrbuch 2008/2009, Deutscher Hotel- und Gaststättenverband e. V. (DEHOGA Bundesverband) (Hrsg.), Berlin.

o. V. (2012): Hotelmarkt-Atlas 2012. Daten zu den Beherbergungsmärkten von 400 Stadt- und Landkreisen sowie 4.000 Tourismusgemeinden, Ottenströer Immobilienwirtschaft Regionalökonomie Hamburg / W&P Immobilienberatung GmbH (Hrsg.), Hamburg – Frankfurt am Main – Berlin.

Ollhoff, J. (2010): Finanzierungsmöglichkeiten auf dem deutschen Hotelmarkt - Chancen zur Nutzung zukünftiger Investorenpotenziale, Freiburg im Breisgau.

Pfister, D. (2011): Raum – Atmosphäre – Nachhaltigkeit. Emotionale und kulturelle Aspekte der sozialen Nachhaltigkeit des Bauens, des Immobilienmarketings und der Gebäudebewirtschaftung, Basel.

Pfnür, A. (2011): Modernes Immobilienmanagement, Berlin.

Rottke, N. / Wernecke, M. (2008): Lebenszyklus der Immobilie, in: Schulte, K.-W. (Hrsg.): Immobilienökonomie, Band I – Betriebswirtschaftliche Grundlagen, 4. Auflage, München – Wien, S. 209-230.

Schnerr, M. / Heckel, S. (2002): Konjunkturbericht Gastgewerbe Sommer 2002, Deutscher Hotel- und Gaststättenverband e. V. (DEHOGA Bundesverband) (Hrsg.), Berlin.

Schoof, B. (2005): Marketingkonzept für die Stadt Pattensen. Gutachten im Auftrag der Stadt Pattensen, Pattensen.

Schmude, J. / Namberger, P. (2010): Tourismusgeographie, 1. Auflage, Darmstadt.

Schulte, K.-W. / Brade, K. H. (2001): Bedeutung und Aufgaben des Immobilien-Marketings, in: Schulte, K.-W. / Brade, K. (Hrsg.): Handbuch Immobilien-Marketing, Köln, S. 36-46.

Schulte, K.-W. / Schäfers, W. (2008): Immobilienökonomie als wissenschaftliche Disziplin, in: Schulte, K.-W. (Hrsg.): Immobilienökonomie, Band I – Betriebswirtschaftliche Grundlagen, 4. Auflage, München – Wien, S. 47-70.

Schulte, K.-W. / Schäfers, W. / Pfrang, D. (2007): in: Frehse, J. / Weiermair, K. (Hrsg.): Hotel Real Estate Management, Berlin, S. 21-36.

Schultze, J.-G. (1993): Diagnose des strategischen Handlungsbedarfes für Hotelketten, Bern.

Segerer, M. (2011): Geographische Informationssysteme in der Immobilienwirtschaft. Praxiseinsatz und Konzeptionsmöglichkeiten, erschienen als: IREBS – International Real Estate Business School der Universität Regensburg (Hrsg.), Beiträge zur Immobilienwirtschaft, Heft 1, Schwerpunkt: Immobilienmanagement, Regensburg.

Shanahan, S. (2010): Innovative Wege der Zielgruppenansprache am Beispiel des Dienstleistungssektors, in: Loock, H. / Steppeler, H. (Hrsg.): Marktorientierte Problemlösungen im Innovationsmarketing, Festschrift für Prof. Dr. Zerres, Wiesbaden, S. 305-320.

Stojan, J. (2009): Entwicklung eines Marketingkonzeptes für eine Wohnungsgenossenschaft. Mit dem Schwerpunkt Kommunikationspolitik, Hamburg, zugl. Dipl.

Streibich, R. (2011): Erfolgsfaktoren im Bau- und Immobilien-Marketing, Hamburg.

Steppeler (2010): Nachhaltigkeit als Parameter der Marktperformance innovativer und umweltfreundlicher Handelsimmobilien, in: Loock, H. / Steppeler, H. (Hrsg.): Marktorientierte Problemlösungen im Innovationsmarketing, Festschrift für Prof. Dr. Zerres, Wiesbaden, S. 277-304.

Tamborini, E. A. (2010): Best Ager als Marktsegment für Immobilienunternehmen. Ansätze für ein bedürfnisorientiertes Wohnimmobilien-Marketing mittels verhaltenspsychologischer Mikrosegmentierung, Bern.

Thommen, J.-P. / Achleitner, A.-K. (2009): Allgemeine Betriebswirtschaftslehre, Wiesbaden.

Trofer, B. (2010): Kommunikationsintrumente in der Immobilienbranche. Eine Studie der FH Wiener Neustadt, Wien.

Urschel, O. (2010): Risikomanagement in der Immobilienwirtschaft. Ein Beitrag zur Verbesserung der Risikoanalyse und -bewertung, Karlsruher Schriften zur Bau-, Wohnungs- und Immobilienwirtschaft, Band 4, Karlsruher Institut für Technologie (KIT) (Hrsg.), Karlsruhe.

Walzel, B. (2008): Unterscheidung nach Immobilienarten, in: Schulte, W. (Hrsg.): Immobilienökonomie, Band I – Betriebswirtschaftliche Grundlagen, 4. Auflage, München, S. 117-140.

Wöhe, G. (2010): Einführung in die Allgemeine Betriebswirtschaftslehre, 24., überarbeitete und aktualisierte Auflage, München.

Ziegler, W. (2006): Grundriss des Immobilienmarketings, Hamburg.

Internet-Quellen:

Behre, M. (2014a): Immobilien sind Betongold, erschienen in: AHGZ – Allgemeine Hotel- und Gastronomie-Zeitung, Nr. 2014/41, S. 24, entnommen dem Online-Portal der AHGZ: www.ahgz.de, letzter Zugriff: 04.12.2014.

Behre, M. (2014b): Neue Marken auf dem Vormarsch, erschienen in: AHGZ – Allgemeine Hotel- und Gastronomie-Zeitung, Nr. 2014/28, S. 9, entnommen dem Online-Portal der AHGZ: www.ahgz.de, letzter Zugriff: 04.12.2014.

Birke, E. (2012): TREUGAST Trendgutachten Hospitality 2012/13: Was braucht das Hotel von übermorgen?, entnommen der Webseite: www.hotelier.de/hotellerie/hotelgewerbe/42143-treugast-trendgutachten-hospitality-201213-was-brauccht-das-hotel-von-uebermorgen, letzter Zugriff: 04.12.2014.

Hess, T. / Mann, F. (2009): „ImmoStudie2009“, PDF-Dokument entnommen der Webseite der „Immstudie.de“, www.immostudie.de/ImmoStudie2009_Ergebniss.pdf, letzter Zugriff 12.11.2014.

Kutzscher, M. (o. J.): Erfolgreiche Investoren-Kommunikation für Immobilienunternehmen, PDF-Dokument entnommen der Webseite der Sition Property Marketing GmbH, www.sition.de, letzter Zugriff: 03.12.2014.

Leibfried, A. (2014): Marken auf Wachstumskurs, erschienen in: AHGZ – Allgemeine Hotel- und Gastronomie-Zeitung, Nr. 2014/41, S. 10, entnommen dem Online-Portal der AHGZ: www.ahgz.de, letzter Zugriff: 04.12.2014.

Marconi, C. (2014): Hotels rechnen mit Wachstum, erschienen in: AHGZ – Allgemeine Hotel- und Gastronomie-Zeitung, Nr. 2014/13, S. 7, entnommen dem Online-Portal der AHGZ: www.ahgz.de, letzter Zugriff: 04.12.2014.

Mayer, C. / Fidlschuster, M. (2007): Wenn Hotelentwickler beruhigt schlafen wollen, reicht ein Quick-Check des Standorts nicht aus, IZ-Tutorial Standort- und Marktanalyse Hotels, Beitrag aus der Immobilien Zeitung Nr. 32 vom 16.08.2007, PDF-Dokument entnommen der Webseite der IZ – Immobilien Zeitung, www.immobilien-zeitung.de/66956/ween-hotelentwickler-beruhigt-schlafen-wollen-reicht-quick-check-des-standorts-nicht-aus, letzter Zugriff: 16.11.2014.

Mischke, R. (2014): Investitionen am Hotelmarkt nehmen zu, entnommen dem Online-Portal der AHGZ: www.ahgz.de, letzter Zugriff: 04.12.2014.

Nittka, R. (2013): Mixed Use Developments – Chancen und Herausforderungen für alle Beteiligten: Best Practices, Webseite:

www.heuer-dialog.de/aktuell/17.05.2013, letzter Zugriff: 04.12.2014.

o. V.(o. J.), Trends in Gastronomie und Hotellerie; Daten, Fakten, Trends der DEHOGA, entnommen der Webseite des DEHOGA Bundesverband, www.dehoga-bundesverband.de/daten-fakten-trends/trends-und-rankings/, letzter Zugriff: 04.12.2014.

o. V. (2009): Trendumfrage Hotelinvestments Deutschland Juli 2009, Studie der Dr.Lübke Makler & Consultants, PDF-Datei, entnommen der Webseite: www.dr-luebke.com, letzter Zugriff: 04.12.2014.

o. V. (2012a): Treugast-Trendgutachten: Zehn Megatrends, entnommen der Webseite: www.hotelundtechnik.de/pl/1/1/680/treugast-trendgutachten-zehn-megatrends.html, letzter Zugriff: 04.12.2014.

o. V. (2012b): Wirtschafsfaktor Tourismus Deutschland (Langfassung), Bundesministerium für Witschaft und Technologie(BMWi), PDF-Datei, entnommen der Webseite: www.bmwi.de, letzter Zugriff: 24.11.2014.

o. V. (2013a): Hotelgesellschaften entdecken die zweite Reihe, entnommen dem Online-Portal der AHGZ: www.ahgz.de, letzter Zugriff: 04.12.2014.

o. V. (2013b): Deutsche Hotelbranche erwartet Wachstum, Pressemitteilung der ZIA – Zentraler Immobilien Ausschuss, entnommen der Webseite: www.zia-deutschland.de/presse/pressemitteilungen/deutsche-hotelbranche-erwartet-wachstum/, letzter Zugriff: 04.12.2014.

o. V. (2014a): ECONOMY-Hotellerie wächst am stärksten, entnommen dem Online-Portal der AHGZ: www.ahgz.de, letzter Zugriff: 04.12.2014.

o. V. (2014b): Hotels sind heiß begehrt, erschienen in: AHGZ – Allgemeine Hotel- und Gastronomie-Zeitung, Nr. 2014/41, S. 1, entnommen dem Online-Portal der AHGZ: www.ahgz.de, letzter Zugriff: 04.12.2014.

o. V.(2014c): DEHOGA-Zahlenspiegel 3/2014, , entnommen der Webseite des DEHOGA Bundesverband, www.dehoga-bundesverband.de/daten-fakten-trends/, letzter Zugriff: 04.12.2014.

o. V. (2014d): Hotelmarkt Deutschland MarketView, CBRE Hotels, entnommen der Webseite: www.cbre.de, letzter Zugriff: 04.12.2014.

Schlag, M. (2007): Der Schlüssel zum Erfolg, erschienen in: AHGZ – Allgemeine Hotel- und Gastronomie-Zeitung, Nr. 2007/1, S. 12, entnommen dem Online-Portal der AHGZ: www.ahgz.de, letzter Zugriff: 04.12.2014.

Schulz, A. (o. J.): Hotelimmobilie, entnommen der Webseite: www.tourismus-schulz.de/c-hotellerie/106-hotelimmobilie, letzter Zugriff: 04.12.2014.

Strauß, S. (2014a): Kettenhotellerie dringt weiter vor, erschienen in: AHGZ – Allgemeine Hotel- und Gastronomie-Zeitung, Nr. 2014/1, S. 3, entnommen dem Online-Portal der AHGZ: www.ahgz.de, letzter Zugriff: 04.12.2014.

Strauß, S. (2014b): Aufholjagd bei Hotels, erschienen in: AHGZ – Allgemeine Hotel- und Gastronomie-Zeitung, Nr. 2014/25, S. 10, entnommen dem Online-Portal der AHGZ: www.ahgz.de, letzter Zugriff: 04.12.2014.

Strobl, K. / Niemeyer, M. (2013): Hotel-Sentiment-Index 2014, CEO Survey internationaler Hotelgesellschaften und -entwickler, Studie der Deloitte & Touche GmbH und ZIA Zentraler Immobilien Ausschuss, entnommen der Webseite: www.zia-deutschland.de, letzter Zugriff: 04.12.2014.

Westermann, R. (2014): Hotels vor gewaltigem Umbruch, erschienen in: AHGZ – Allgemeine Hotel- und Gastronomie-Zeitung, Nr. 2014/11, S. 2, entnommen dem Online-Portal der AHGZ: www.ahgz.de, letzter Zugriff: 04.12.2014.